Peter Weinberg
Erlebnismarketing

Erlebnismarketing

von

Prof. Dr. Peter Weinberg

Lehrstuhl für Betriebswirtschaftslehre
insb. Absatz-, Konsum- und Verhaltensforschung
Universität-GH-Paderborn

Verlag Franz Vahlen München

Die Deutsche Bibliothek – CIP-Einheitsaufnahme

Weinberg, Peter:
Erlebnismarketing / von Peter Weinberg. –
München : Vahlen, 1992
  ISBN 3-8006-1591-6

ISBN 3-8006-1591-6

Vorwort

„Erlebnismarketing" ist ein Modewort der Praxis und ein aktueller Schwerpunkt der Marketingforschung. Es geht um sinnliche Konsumerlebnisse, die in der Gefühlswelt der Konsumenten verankert sind und ihre Werte, Lebensstile und Einstellungen beeinflussen. Mittels produkt- und ladenspezifischer Erlebniswerte leistet das moderne Marketing einen Beitrag zur Lebensqualität der heutigen Gesellschaft.

Gemäß dieser Titelinterpretation gibt diese Schrift einen zusammenfassenden Überblick über den Stand in der Marketingpraxis und über empirische Forschungsprojekte, die am Lehrstuhl für Absatz-, Konsum- und Verhaltensforschung durchgeführt worden sind. Ebenen der Erlebnisvermittlung sind die Produktgestaltung, die Kommunikation und die Einkaufsstätte.

Meine Mitarbeiter Dr. Sigrid Bekmeier, Dr. Andrea Gröppel und Dipl.-Kfm. Heiner Spieker haben mich mit zahlreichen Anregungen versorgt. Als Testleserin hat Dipl.-Ök. Marion Fiedler zu mehreren Verbesserungen beigetragen und sich um sämtliche redaktionellen Arbeiten bis zur druckreifen Endfassung gekümmert.

Allen danke ich sehr herzlich.

Paderborn im Juli 1991   Peter Weinberg

Inhaltsverzeichnis

A Problemstellung

1. Begriff des Erlebnismarketing

Unter einem **Erlebniswert** versteht man den subjektiv erlebten, durch das Produkt, die Dienstleistung, das Verkaufsgespräch oder die Einkaufsstätte vermittelten Beitrag zur Lebensqualität der Konsumenten. Es handelt sich dabei um sinnliche Erlebnisse, die in der Gefühls- und Erfahrungswelt der Konsumenten verankert sind und einen realen Beitrag zur Lebensqualität leisten.

Das Erlebnismarketing zielt auf die Gefühle der Konsumenten. Es soll dem Konsumenten sinnlich vermittelt werden, daß er die Produkte bzw. Dienstleistungen erwirbt, die zu seiner Lebensqualität passen, und zwar in einer den Konsumenten befriedigenden Verkaufsinteraktion bzw. in einem Geschäft, das ihm besonders zusagt.

Es geht also um Strategien zur Vermittlung von Emotionen, die den Einkauf zu einem persönlichen Erlebnis werden lassen. Das erreicht man nicht durch emotionale Schminke, sondern nur durch Verankerung der Produkte, Dienstleistungen und Einkaufsstätten in den Gefühls- und Erlebniswelten der Konsumenten.

Der Erfolg des Erlebnismarketing hängt davon ab, inwieweit es gelingt, das Angebot, den Verkaufsvorgang und den Verkaufsort so zu positionieren, daß die Leistungsbeurteilung über die Erlebnisvermittlung ermöglicht wird. Die Kognitionen des Konsumenten werden dann über seine Emotionen erreicht, und es kommt eben darauf an, die „richtigen" Emotionen anzusprechen bzw. auszulösen, die zur gewünschten Leistungsbeurteilung führen.

2. Erlebniseinkauf und Versorgungseinkauf

Erlebniseinkäufe und Versorgungseinkäufe sind einander abwechselnde Tätigkeiten im Alltag, die jeder Konsument kennt. Während Versorgungseinkäufe zur Befriedigung alltäglicher Bedürfnisse getätigt werden, vermitteln Erlebniseinkäufe einen Beitrag zum Selbstwertgefühl der Konsumenten, das im Streben nach einem eigenständigen Lebensstil zum Ausdruck kommt.

Versorgungseinkäufe erfolgen gewohnheitsmäßig oder stark vereinfacht mit dem Bestreben, sich möglichst schnell und ohne allzu großen kognitiven Aufwand einer lästigen Pflicht zu entledigen. Erlebniseinkäufe sind dagegen weniger gedanklich vorstrukturiert, sondern man sucht nach emotionalen Anregungen, um das Leben zu genießen. Entsprechend ist man eher geneigt, der Einkaufslust nachzugeben.

Vergleicht man beide Einkaufsarten miteinander, so zeigen sich Gemeinsamkeiten und Unterschiede hinsichtlich des Entscheidungsverhaltens (Weinberg, 1981): Gemeinsam ist beiden, daß kognitive Anstrengungen möglichst gering gehalten werden, wenn auch aus verschiedenen Gründen. Unterschiedlich ist das emotionale Engagement, da Versorgungseinkäufe zum Pflichtbereich der Lebensführung gehören, Erlebniseinkäufe hingegen besonders zur Lebensqualität beitragen.

3. Voraussetzungen für Erlebnisstrategien

Erlebnisstrategien unterliegen Prinzipien zur Erzielung strategischer Wettbewerbsvorteile. Unter einem strategischen Wettbewerbsvorteil versteht Simon (1988) eine Leistung, die drei Kriterien erfüllen muß:

1. Sie muß ein für den Kunden wichtiges Leistungsmerkmal betreffen.
2. Der Vorteil muß vom Kunden tatsächlich wahrgenommen werden.
3. Der Vorteil muß eine Abhebung von der Konkurrenz ermöglichen.

Das zweite Kriterium betrifft Erlebnisstrategien im engeren Sinne. Sie müssen so ausgerichtet werden, daß die Erlebnisinhalte **sinnlich** wahrgenommen werden. Nur dann wird das Erlebnismarketing so verstanden und akzeptiert, daß es einen strategischen Wettbewerbsvorteil erbringt.

Wesentliche Bedingungen für die Entwicklung von Erlebnisstrategien sind die aktuellen **Wertetrends** in der Gesellschaft (vgl. dazu das Kapitel B). Viele Werteforscher sehen in der zunehmenden Erlebnis- und Genußorientierung, im Gesundheits- und Umweltbewußtsein sowie in der Betonung der Freizeit den grundlegenden Wertewandel in der heutigen Gesellschaft. Kurz gesagt: Der erlebnisorientierte Konsument ist im Vormarsch (Kroeber-Riel, 1988, S. 27).

Erlebnisorientierte Menschen sind über ihre Sinnesorgane besonders zugänglich. Der so verstandene **sensualistische** Konsument bevorzugt Bilder zur schnellen und bequemen Informationsaufnahme. Daraus folgt, daß das Erlebnismarketing sich vor allem der **visuellen** Kommunikation bedient. Alle Instrumente des Marketing sind darauf auszurichten, daß der Konsument bildhaft erreicht wird. Das gilt auch für die bildhafte Sprache und die Angebotspräsentation im Einzelhandel.

Ein zentrales Phänomen ist die **Informationsüberlastung** in Gesellschaft und Wirtschaft. Darunter versteht man den Anteil der nicht beachteten Informationen am gesamten Informationsangebot. Damit wächst die Bedeutung der visuellen Kommunikation: Bilder (und im weiteren Sinn alles visuell Erlebbare) sind die stärksten Mittel für emotionales Erleben.

Immer mehr Märkte erreichen die **Sättigungsphase**. Die Produkte sind ausgereift, die konkurrierenden Anbieter unterscheiden sich kaum voneinander, ihre Produkte werden substituierbar. Werbung und Produktdesign müssen zur Imageprofilierung verstärkt auf Erlebnisstrategien zurückgreifen, denn bei der zunehmenden Austauschbarkeit muß man sich besonders mittels der von den Produkten vermittelten Konsumerlebnisse profilieren.

Konsumenten kennen sich auf gesättigten Märkten ausgereifter Produkte aus. Die sachliche Produktqualität ist für sie zu einer Selbstverständlichkeit geworden, das funktional orientierte Informationsbedürfnis nimmt ab. Konsumenten mit einem geringen **Involvement** sind in besonderer Weise der visuellen Kommunikation zugänglich, da dazu keine gedanklichen Anstrengungen notwendig sind.

4. Generierung von Erlebnisprofilen

Erlebniswerte kommen im Bedürfnis der Konsumenten nach emotionaler Anregung zum Ausdruck. Man kann bei der Generierung von geeigneten Erlebnissen mehrstufig vorgehen (Kroeber-Riel, 1988, S. 77 f.):

- Die Sammlung möglichst vieler Ideen für Erlebnisse erfolgt mehr oder weniger intuitiv. Man kann einerseits von aktuellen Wertetrends ausgehen und andererseits vom Produkt in seinem konkreten Markt. Gefragt sind vor allem Phantasie und die Fähigkeit, sich vom Alltäglichen zu lösen.
- Ungeeignete Erlebnisse müssen im nächsten Schritt ausgesondert werden. Dazu zählen einerseits Erlebnisse, die negative Assoziationen (wie z. B. Angst) auslösen können und andererseits solche, die nicht der Unternehmensphilosophie (Corporate Identity) entsprechen. Die Festlegung eines Erlebnisprofils erfolgt langfristig, so daß eine sorgfältige Prüfung der passenden Ansätze unerläßlich ist. Erlebniskompetenz erlangt man nicht durch kurzfristige, flüchtige oder diffuse Profile.

Erlebnisprofile sind das Ergebnis kreativer Leistungen, weniger das Ergebnis der Marktforschung. Maßgebend sind Determinanten der Lebensqualität. Dazu zählen derzeit Lebensstandard, Lebensfreude, Genuß, Familie und Kommunikation (vgl. Konert, 1986, S. 48 f.).

Bei der Festlegung der einzelnen Erlebnisse, die bildlich und sprachlich das Erlebnisprofil bilden, müssen folgende Punkte geprüft werden:

- Entsprechen die Erlebnisse den Lebensstiltrends, um die Zielgruppe langfristig anzusprechen?
- Welche Erlebniswerte erlauben eine Abgrenzung zur Konkurrenz heute und erschweren eine einfache Imitation morgen?
- Eignen sich die Erlebnisse für eine praktikable Umsetzung oder stellen sie besondere Ansprüche an die Unternehmen und Agenturen?
- Eignen sich die Erlebnisse zur Umsetzung durch möglichst viele Marketinginstrumente? Es reicht meist nicht aus, nur mittels Werbung ein Erlebnisprofil aufzubauen.
- Können Produktinformationen und emotionale Ansprache glaubwürdig und einfach verständlich so aufeinander abgestimmt werden, daß ein unverwechselbares Erlebnisprofil entsteht?

Die Prüfung dieser Fragen ist schwierig und überwiegend nur qualitativ im Team möglich. Ein Konzepttest innerhalb der Marktforschung ist immer dann problematisch, wenn originelle und ungewöhnliche Konzepte vorliegen.

5. Instrumente des Erlebnismarketing

Im folgenden werden die Marketinginstrumente skizziert, die in besonderer Weise für die Erlebnisvermittlung eingesetzt werden können. Sie werden in den Kapiteln C bis E ausführlich behandelt. Ein besonderes Problem ist ihre integrierte Kommunikation, das heißt, der Konsument soll ein möglichst abgestimmtes Erlebnisprofil vorfinden: vom Produkt über das Verkaufsgespräch bis zur Einkaufsstätte. Widersprüchliche Erlebniswerte zwischen Produkt und Laden verwischen das Profil.

Erlebnisbezogene Produkte, Design und **Verpackung** sind nicht nur das Ergebnis einer kreativen Leistung, sondern erfordern auch verhaltenswissenschaftliche Erkenntnisse. Produktgestalter und Designer müssen sich auch als „Sozialtechniker" begreifen, die Objekte für spezielle Zielgruppen schaffen. Produktqualität und Produktäußeres sollen der subjektiven Lebensqualität entsprechend wahrgenommen werden.

Das **Design** eines Produktes umfaßt die gesamte sinnlich wahrnehmbare Gestaltung durch Form und Farbe, Geruch, Geschmack und Geräusch. Designer konzentrieren sich noch zu stark am visuellen Erscheinungsbild, ein erlebnisbezogenes Design sollte alle Sinne des Konsumenten ansprechen. Erste Ansätze zeigen der Einsatz von Duftstoffen, Videotechnik, Lasertechnik u. a. m.

Das Streben nach funktionaler Qualität und schöner Form hat häufig zu langweiligen und austauschbaren Produkten geführt. Das gilt für Konsumgüter ebenso wie für industrielle Produkte. Hinzu kommt, daß die Formgebung sich nach übereinstimmenden Klischees richtet, da Designer offensichtlich über Leitbilder verfügen, was bei der Gestaltung guter und schöner Formen „in" ist.

Nur erlebnisbetonte Produkte sind in der Lage, Präferenzen beim Verbraucher und damit auch eine attraktive Umwelt zu schaffen. Die **Umweltpsychologie** (z. B. Mehrabian, 1978) lehrt uns, daß die Anziehungskraft von Produkten und die Präferenzen der Konsumenten für eine Marke auch von Erlebniswirkungen geprägt werden. Und dazu reichen technisch-funktionale Produkte und nur schöne Formen nicht aus.

Anforderungen an erlebnisbezogene Produkte:

- Orientierung an den Lebensstilen und Lebensgewohnheiten der Verwender

- Ansprache mehrerer Sinne beim Verwender
- Enge Abstimmung mit den übrigen Instrumenten des Erlebnismarketing.

Die Devise für erlebnisbetonte Produkte heißt: Alle Sinne des Konsumenten ansprechen! Multisensuale Wirkungen erzeugen!

Die erlebnisbetonte **Kommunikation** übernimmt im Rahmen des Erlebnismarketing die Aufgabe, das Angebot in der emotionalen Erlebnis- und Erfahrungswelt der Konsumenten zu positionieren. Sie nutzt vor allem die Erkenntnisse aus der nonverbalen Kommunikation (vgl. Bekmeier, 1989).

Es empfiehlt sich, zur Darstellung emotionaler Erlebnisse bevorzugt auf Personen zurückzugreifen. Mimik und Gestik sind prägnante Indikatoren, um Emotionen auszudrücken, und sie werden einfach und relativ eindeutig vom Empfänger der Werbung dechiffriert. Die Verquickung von Werbebotschaften mit Erlebnisinhalten in Low-Involvement-Medien wie Fernsehen, Anzeigen und Kino dürfen nicht zu Informationsüberlastungen führen, wovor die nonverbale Umsetzung maßgebend schützt.

Die Wirkung eines Erlebniskonzeptes hängt entscheidend von seiner visuellen Umsetzung ab nach dem Motto „Ein Bild sagt mehr als tausend Worte". Visuelle Markenbilder wirken mehr als Worte, und diese wiederum stärker als Texte in Werbebotschaften. Besonders empfehlenswert ist die Konzeption von Schlüsselbildern (Kroeber-Riel, 1988, S. 75), welche den langfristigen Auftritt festlegen. Es handelt sich dabei um Leitbilder, die den Erlebniskern bilden und überwiegend nonverbal kommuniziert werden. Ihre Festlegung ist mehr eine strategische Aufgabe als ein Gestaltungsproblem.

Erlebnisorientierte **Verkaufsgespräche** sind von zentraler Bedeutung für die Vermittlung von Einkaufserlebnissen. Es kommt darauf an, den Kunden verbal und nonverbal in die Erlebniswelt einzuführen (vgl. Klammer, 1989).

Konsumenten kaufen bekanntlich keine Waren oder Dienstleistungen an sich, sondern deren Nutzen. Sinnvoll ist es deshalb, den Erlebniswert des Angebotes in das Einkaufserlebnis im Geschäft zu integrieren, indem auf die Ansprüche an die Lebensqualität des Kunden eingegangen wird (falsch: was leistet das Produkt, richtig: wozu nutzt es ihm, weshalb geht er hierher und nicht zur Konkurrenz?).

Erlebnisbetonte **Einkaufsstätten** leisten ebenfalls einen wesentlichen Beitrag zur Vermittlung von Einkaufserlebnissen (vgl. Gröppel, 1991). In Zeiten zunehmender Marktsättigung findet man immer mehr Märkte, auf denen die Geschäfte einander stark ähneln und in denen die gleiche Ware zum vergleichbaren Preis angeboten wird. Viele Praktiker fürchten, daß der Preiswettbewerb und die Gefahr der Ausschaltung profilschwacher Einzelhandlungen wachsen werden.

Kaufen und Konsum sind auch Vorgänge, die den Konsumenten erfreuen und die er in Anbetracht der zunehmenden Freizeit auch genießen kann. Die Umweltpsychologie hilft dem Handel, Einkaufserlebnisse zu messen. Sie lassen sich auf den psychischen Dimensionen Lust bzw. Vergnügen und Erregung erfassen und charakterisieren das Verhalten im Laden. Eine erlebnisorientierte Ladenatmosphäre wirkt aktivierend und verlängert die Verweildauer im Geschäft.

Mögliche **Erlebnistrends** der Zukunft sind:

- **Trend zur Individualisierung des Konsums**

  Es sind Betriebstypen denkbar, die atmosphärisch die Individualität besonders betonen, z.B. durch Erlebniswerte wie Jugendlichkeit, Rustikalität oder Avantgarde.

  *Ein **Beispiel** zur Avantgarde: Hausgeräte werden in moderne Wohnwelten integriert, um Bestandteile eines anspruchsvollen Lebensstils zu sein. In Zukunft wird man eine Vielzahl parallel verlaufender Bestrebungen nach Individualität beobachten können. Es gibt nicht mehr **den** Individualisten!*

- **Trend zur Natürlichkeit**

  Aus diesem Trend lassen sich einfache Gestaltungsempfehlungen ableiten, z.B. hinsichtlich Farben, Design und Gestaltungsmittel. Dazu können Betriebstypen passen, die Erlebniswerte wie Tradition, Stil oder Ästhetik vermitteln.

  Bei diesem Trend kommt es darauf an, Produkte als selbstverständliche, moderne Technik bei natürlichen Lebensansprüchen zu positionieren. Dazu gehören auch ein schlichtes Design und einfache Bedienbarkeit.

- **Trend zur Kommunikation**

  Dieser zentrale Trend erfordert besondere Maßnahmen hinsichtlich Verkäuferschulungen, um nicht nur mit Produktvorteilen zu argumentieren, sondern um den Kunden zu zeigen, welchen Beitrag das

Produkt für seine Lebensqualität leistet. Sodann geht es um die Schaffung von Ruhezonen zur Förderung der Kommunikation unter Kunden, die Ansprache des Familiensinns der Verbraucher, sei es durch familiär ausgerichtete Angebote, sei es durch Förderung des Einkaufs in der Familie usw. Man vergleiche hierzu die Shopping-Malls in den USA, die das Stadtleben in künstliche Innenwelten verlegen. Ferner kennt man in den USA die Möglichkeit, seinen persönlichen Verkäufer zu „mieten", der bei der Auswahl berät, den Einkauf von Geschenken organisiert usw.

B Erlebnismarketing im Wertetrend

Die praktische Bedeutung des Erlebnismarketing für die mittelfristige Zukunft hängt vor allem von folgenden Entwicklungen ab:

- Allgemeine Zukunftstendenzen der Gesellschaft
- Zentrale Wertetrends der Konsumenten
- Entwicklung der Freizeitgesellschaft

Es geht um die äußeren Rahmenbedingungen, um die psychische Prädisposition für das Erleben und um die situativen Bedingungen, sich emotional auszuleben. Dabei kann emotionalen Erlebnissen die Bedeutung persönlicher Werte und gesellschaftlicher „Ersatzwerte" zukommen.

1. Allgemeine Zukunftstendenzen

Tietz (1988) hat eine Reihe von allgemeinen Zukunftstendenzen zusammengestellt, die wichtige **Rahmenbedingungen** für das Erlebnismarketing darstellen. Das gilt vor allem für folgende:

- **Die Unvorhersehbarkeit von Umfeldveränderungen**

  Besonders die jüngste Vergangenheit hat der Weltöffentlichkeit belegt, wie unvorhersehbar Umwälzungen und Veränderungen im politischen und sozioökonomischen Bereich sind. Der **Wandel** traditioneller **Wertemuster** wie Staat, Religion und Familie rückt das Individuum in den Vordergrund, dessen Handeln vor allem aus persönlichen Motiven erfolgt.

- **Die Zunahme der Mobilität**

  Die Zunahme der **kommunikativen** Mobilität als persönliche Kommunikation mittels Post und Telefon sowie als Massenkommunikation mittels Zeitungen, Zeitschriften, Radio, Fernsehen, Satelliten beeinflussen zunehmend das soziale Leben und Erleben. Hinzu kommen die neuen **Computersysteme**, die beispielsweise ein computergestütztes Shopping und Banking ermöglichen. Damit können Einzelhandelsflächen und Läden durch Kommunikation ersetzt werden bei gleichzeitiger Erhöhung der zeitlichen Dienstleistungsbereitschaft.

Die Zunahme der **physischen** Mobilität über die vielfältigen Aufenthaltsorte der Menschen wie Wohnung, Arbeit und Kultur sowie über die Zunahme der Reisen bieten neue Möglichkeiten der aktiven Lebensgestaltung. Damit eröffnen sich auch neue Erlebniswelten.

- **Die demographische Entwicklung**

Die **Weltbevölkerung** steigt beständig an. Das gilt nicht nur für die Völker der dritten Welt, sondern auch für die Industrievölker wie USA, Japan und der ehemaligen UdSSR. Einzig Europa läßt eine Stagnation der Bevölkerung erwarten.

In der **Bundesrepublik Deutschland** wird die Bevölkerung trotz der Zuzüge aus Osteuropa zurückgehen. Mag diese Schätzung aus aktuellen Anlässen derzeit besonders schwierig sein, so darf man doch annehmen, daß mit einem Bevölkerungsanstieg mittelfristig nicht zu rechnen ist.

Hinzu tritt die zunehmende **Vergreisung** unserer Gesellschaft. Im Jahre 2000 wird bei uns weit über ein Drittel der Bevölkerung zu den „jungen Alten" gehören, deren Alter bei 50 Jahren beginnt. Aus einer der ersten psychologischen Marktforschungsstudien über diese Zielgruppe, die 1989 in der Bundesrepublik unter Mitwirkung des Lehrstuhles für Absatz-, Konsum- und Verhaltensforschung der Universität Paderborn erstellt wurde, weiß man, daß es sich um eine Zielgruppe handelt, die

- relativ gesund ist und sich selbst in den Mittelpunkt ihres sehr kommunikativen Lebens rückt,
- über freie finanzielle Mittel und ausgeprägte Konsumerfahrungen verfügt und
- das Leben aktiv genießen will.

Damit wächst eine Zielgruppe heran, die auch eine **Umorientierung** innerhalb des Erlebnismarketing erfordert, angefangen bei der werblichen Ansprache im weitesten Sinne bis zur Produktpolitik und schließlich bei der Einkaufsstättengestaltung.

- **Die Erwerbstätigkeit der Frauen**

Über 10 Millionen Frauen sind in der Bundesrepublik Deutschland erwerbstätig. Der Trend ist steigend bei sinkender Kinderzahl und steigender Ausbildungsqualifikation.

Nimmt man die oben erwähnte **Altersverschiebung** hinzu, so werden Einkaufen und Konsum immer mehr zu Vorgängen, die Frauen entscheiden werden. Das Erlebnismarketing wird deshalb **weibliche Wünsche** und **Tugenden** stärker als bisher berücksichtigen müssen, um ihre Zielgruppen zu erreichen.

• **Differenzierung zwischen Berufs- und Freizeitarbeit**

Zur gewohnten **Berufsarbeit**, um Geld zu verdienen, tritt zunehmend die **Freizeitarbeit**, in der man seine Einkünfte z. B. für produktive Hobbies, Weiterbildung oder Sozialarbeit verwendet. Die zunehmende Freizeit wird die Suche nach aktiver und sinnvoller Freizeitqualität also noch verstärken.

Damit erwächst für das Erlebnismarketing eine Chance und eine Gefahr. **Freizeitanbieter** der neuen Art werden nach Erlebniskonzepten suchen müssen, die zu Konsumerlebnissen konkurrieren und der Gefahr des „blinden Aktionismus" begegnen. Freizeitarbeit ist vor allem für die „jungen Alten" keine passive Erholungstätigkeit, sondern eine Zeit der aktiven und sinnvollen Lebensgestaltung.

• **Der konjunkturelle Wandel**

Zu den klassischen **Schrittmachertechnologien** wie die Chemie, die Bauwirtschaft und der Kraftfahrzeugsektor treten neue Wachstumsbereiche wie Mikroelektronik, Agrar- und Umweltforschung, Energie- und Verkehrsforschung hinzu, um nur einige wichtige Bereiche zu nennen. Dabei wird es zu Verschiebungen in der qualitativen und auch quantitativen Struktur der Branchen kommen.

Besondere Bedeutung für das Erlebnismarketing hat das **Dienstleistungsgewerbe.** Der Handel wird den Kunden wiederentdecken müssen, denn Einkaufen und Konsum sind auch Vorgänge, die Freude bereiten und zu einer sinnvollen Freizeitbeschäftigung beitragen. Erlebnismarketing bedeutet in diesem Sinne ein kundennahes Marketing.

2. Zentrale Wertetrends

Hier wird der gebräuchlichen Definition von Kluckhohn (1951, S. 395) gefolgt, der unter **Werten** eine explizite oder implizite, für ein Individuum oder eine Gruppe charakteristische Konzeption des

Wünschenswerten versteht, welche die Auswahl unter verfügbaren
Zielen, Mitteln und Alternativen des Handelns beeinflußt. Werte sind
zeitlich relativ stabil und dem Individuum nicht unbedingt bewußt.

Über den **Ursprung** von Werten weiß man wenig. Meist werden eine
genetische Veranlagung und/oder die **soziale Prägung** angeführt.
Letzteres dient vor allem dazu, den gesellschaftlich bedingten Wertewandel zu erklären. Besonders bekannt sind die Konzepte von Inglehart (1979) und Maslow (1954).

Zur **Erklärung** und Prognose historischer und zukünftiger Entwicklungen besitzt die Theorie von Inglehart wohl die größte Popularität.
Er vertritt die Auffassung, daß sich die westlichen Industrienationen
auf dem Wege vom Materialismus zum Postmaterialismus befinden,
was aber von vielen Fachvertretern bestritten wird, zumindest zum
gegenwärtigen Zeitpunkt und in Anbetracht der aktuellen gesellschaftlichen Veränderungen.

Maslow teilt die menschlichen **Bedürfnisse** in fünf Klassen ein, die er
in hierarchischer Beziehung zueinander sieht. Auf unterster Stufe
(mit höchster Priorität) befinden sich die biologischen Bedürfnisse
(Hunger, Durst usw.), gefolgt von Bedürfnissen nach Sicherheit, nach
Liebe und nach sozialer Geltung, bis schließlich als letztes und höch-
stes Motiv das Streben nach Selbstverwirklichung die Pyramide ab-
schließt. Gemäß der Theorie durchläuft der Mensch alle diese Stufen
nacheinander, das heißt, erst wenn ein Bedürfnis befriedigt ist, kann
man sich dem nächsten zuwenden. Wenn auch die Hierarchie eher be-
grifflich und deklamatorisch von Bedeutung ist, so besitzt sie doch eine gewisse intuitive Evidenz zur Veranschaulichung von Wertentwicklungen.

Raffée und seine Mitarbeiter (vgl. z.B. Raffée und Wiedmann, 1988)
unterscheiden folgende drei zentrale **Tendenzen des Wertewandels:**

- **Der erhöhte Stellenwert gesellschaftlicher Werte bzw. Ziele**

  Gemeint sind damit die in der heutigen Gesellschaft besonders dis-
  kutierten Komplexe, z.B. Arbeitssicherheit, Ökologie und Gesundheit sowie humanitäre Ziele wie Hilfen für die dritte Welt
  u.a.m. Das so geschärfte Bewußtsein will eine Gesellschaft, die umfassend ihrer Verantwortung für Mensch und Natur nachkommt,
  wobei die individuelle Lebensführung nicht unbedingt dem gesellschaftlich Wünschenswerten entsprechen oder sogar zu persön-
  lichem sozialem Engagement führen muß.

- **Der Trend zu Selbstentfaltung und Erleben**

  Danach sind klassische „Pflicht- und Akzeptanzwerte" rückläufig zugunsten einer hedonistischen Selbstentfaltung und Erlebnisorientierung. Der sensualistische Konsument bekennt sich zu einer „Genuß-hier-und-jetzt"-Haltung.

  Dieser Trend schlägt sich nicht nur im bewußten Konsumerlebnis nieder, sondern auch im Freizeitverhalten und in der Arbeitswelt. Es handelt sich somit um Menschen, die ihr Leben sehr bewußt und ernsthaft genießen wollen. Dieses Selbstbewußtsein beinhaltet Lebensfreude und eine grundsätzlich positive Lebenseinstellung und Lebenserwartung.

  Sowohl die Freizeitansprüche als auch die erlebnisorientierten Konsumformen lassen Zweifel am Trend zur postmateriellen Gesellschaft im Sinne von Inglehart aufkommen. Materieller Wohlstand ist nach wie vor ein wichtiger Wert, auch dann, wenn er als selbstverständlich ausgelebt wird.

- **Der Trend zur aktiven und kritischen Gesellschaft**

  Dieser Trend wird sichtbar in der gestiegenen Beteiligung des einzelnen Bürgers an gesellschaftlichen Prozessen, sei es bei Demonstrationen für mehr Umweltschutz, sei es durch Engagement für heikle Themen unserer Gesellschaft. Aktive und kritische Bürger, die sich für gesellschaftliche Werte einsetzen, können ihr Leben durchaus selbstbewußt genießen. Die drei skizzierten Trends sind durchaus miteinander kompatibel.

Dennoch lassen sich Widersprüche im Wertesystem feststellen:

Haseloff (1988) führt die **Wertentwicklungen** auf zwei **Grundbedürfnisse** menschlichen Lebens zurück, nämlich dem Streben nach Genuß (Satisfaction) und dem Bedürfnis nach Sicherheit (Safety). Das gleichzeitige Verfolgen dieser beiden Ziele kann zu **Inkonsistenzen** im persönlichen Wertesystem und vor allem zu Widersprüchen im Verhalten führen.

Das kann dann dazu führen, daß Verhaltensweisen verfolgt werden, die den Sicherheitsanforderungen nicht gerecht werden, sondern erhebliche Risiken mit sich bringen können, man denke nur an das klassische Spannungsverhältnis zwischen Konsumvielfalt und Umweltbelastung. Vordergründig versucht man, diesem Konflikt auszuweichen, indem die Wahrnehmung der Safety-Aufgaben bevorzugt staatlichen oder sonstigen Instanzen zugedacht wird, um so den Satisfaction-

Wünschen im Vertrauen auf diese Institutionen ungestört nachgehen zu können.

Der erwähnte Trend zur aktiven und kritischen Gesellschaft erklärt sich aus dieser Sicht darin, daß die Aktivitäten der jeweils verantwortlichen Instanzen aufmerksam verfolgt und oft sehr engagiert diskutiert werden, falls sie den gestellten und steigenden Anforderungen nicht gerecht werden. Wir haben es dann auch mit einer **Anspruchsgesellschaft** zu tun, die sich unter dem Deckmantel der Arbeitsteilung ungestört ausleben und die Verantwortung für den aufgezeigten Konflikt an übergeordnete Ebenen delegieren möchte.

Arbeitsteilige Wirtschaft und ausgeprägtes Anspruchsdenken erzeugen **Abhängigkeiten** von Dritten, die als belastend empfunden werden können. Daraus kann einerseits **Angst** vor Versagen des gesamten Lebenssystems, andererseits ein empfundenes **Defizit** an persönlicher Lebensgestaltung resultieren. Die Folgen sind dann Unzufriedenheiten oder Verdrängungen, die auch einen **Ausgleich** im demonstrativen Konsum suchen können.

Derartige Konflikte im Wertesystem einer Gesellschaft erfordern eine Neudefinition der Lebensqualität. Die aktuellen **Wertetrends** der heutigen Gesellschaft greifen tief in das Alltagsleben der Menschen ein, indem sie zu durchaus widersprüchlichen Präferenzen für Produkte und Dienstleistungen führen können, die sich auszeichnen wollen durch:

- Natürlichkeit, Gesundheit, Umweltverträglichkeit,
- Vermittlung von Freizeiterlebnissen und Lebensfreude,
- Beitrag zu einem individuellen Lebensstil.

3. Konsum in der Freizeit

Das Freizeitverhalten der Zukunft wird einerseits durch „Spaß" und „Freude" emotional besetzt sein, andererseits sich durch „Geselligkeit" auszeichnen. Einsame Feierabende und von der Umwelt abgehobene Freizeiten gehören mehr und mehr der Vergangenheit an, abgesehen von Erholungspausen zur Regeneration. Gefragt sind **kommunikative** Freizeiterlebnisse.

Die Zunahme des Anteils der **weiblichen Mitglieder** unserer Gesellschaft und die immer knapper werdende Arbeit lassen erwarten, daß das Freizeitverhalten immer stärker von Frauen gestaltet werden wird. Weibliche Tugenden wie **Sensibilität, Flexibilität** und **Kommunikativität** werden verstärkt zu Filtern für die Auswahl von Freizeitbeschäftigungen, zu denen auch der Einkauf gehört.

Die rückläufige Geburtenentwicklung und die damit verbundene Zunahme mittlerer und älterer Jahrgänge führt sodann zu einer Expansion von **Freizeitaktivitäten für Erwachsene.** Dem werden Geschäfte-, Einkaufspassagen- und Städteplaner in besonderem Maße gerecht werden müssen.

Dieses Bedürfnis nach **Sozialkontakt** auch beim Einkauf paßt in die aktuellen Wertetrends, die sich ja durch Spaß, Lebensgenuß und Kommunikation auszeichnen. Freizeit ist in diesem Sinne auch eine intensive Erlebniszeit, da man nach Spontaneität, Geselligkeit, Aktivität und entspannter Lebensfreude sucht. Und vor allem sucht man **Lebensfreude** in der **Gemeinschaft.**

Die „Freizeitbotschaft" in der Zukunft heißt also Lebensfreude. **Lebensfreude** äußert sich in Heiterkeit und Fröhlichkeit, in Spaß und Vergnügen miteinander. Entsprechend ist man bemüht, etwas **gemeinsam** zu unternehmen. Der **gemeinsame** Besuch von Geschäften und **gemeinsame** Hobbies charakterisieren das zunehmende Freizeitverhalten in unserer Gesellschaft, sei es in der Woche oder am Wochenende.

Innerhalb dieser extrovertierten Freizeitorientierung sucht man nach **Aktivierung** und **Anregung** zu persönlichen Erlebnissen. Passives Erleben reicht als Ersatzbefriedigung langfristig immer weniger aus, man will selbst aktiv dabei sein.

Freizeitanbieter, Industrie und Handel werden darauf achten müssen, die freizeitorientierte Gesellschaft der Zukunft vor dem schon erwähnten „blinden Aktionismus" zu bewahren, denn Erlebnisse „nach außen" und „mit anderen" können als Selbstzweck stressig werden und zu einer neuen Form von Einsamkeit führen. Dem begegnet man z. B., indem Einkaufen und Konsum in die Freizeitgestaltung so **integriert** werden, daß sie zum Bestandteil eines aktiv erlebten Alltags werden. Anbieter von Produkten und Dienstleistungen müssen daher mit Weitblick in die Zukunft helfen, die persönliche Erlebnisfähigkeit, die bald noch verstärkt entdeckt werden wird, zu bewahren.

Der Konsument von morgen wird den Erlebniseinkauf zunehmend als einen Bestandteil der aktiven Freizeitgestaltung begreifen. Das Erlebnismarketing muß deshalb das Freizeitverhalten der Konsumenten umfassend kennen und aufeinander abstimmen.

Mit Zunahme der Freizeit im täglichen Leben schwindet auch die **Polarisierung** zwischen Arbeit und Privatleben. Diese Entwicklung wird begünstigt durch flexible Arbeitszeiten, Dezentralisierung der Arbeitswelt und Erhöhung der Arbeitsmobilität. **Das heißt:** Arbeit und Freizeit werden zunehmend zu sich ergänzenden Bestandteilen des täglichen Lebens.

4. Emotionale Erlebnisse als persönliche Werte

Das Erlebnismarketing bezieht seine **Legitimation** aus den zentralen **Wertetrends.** Es spricht einen Konsumenten an, der sich durch zunehmende

Freizeit-, Genuß-, Erlebnis- und
Umweltorientierung

auszeichnet und nach einem individuellen Lebensstil sucht.

Folgt man Maslow, so befindet sich dieser Konsument – wenn auch nicht durchgängig – auf der Stufe der **Selbstverwirklichung.** Beruflich und in der Freizeit sucht er nach Inhalten und Objekten, mit denen er sich emotional identifizieren kann. So wird auch die Konsumwelt – Produkte, Dienstleistungen und Orte des Einkaufs – zu einem wichtigen Bestandteil seiner individuellen Lebensgestaltung.

Dieser Drang zu „höheren" Bedürfnissen wird unterstützt durch die zunehmende **Sättigung** auf vielen Märkten, die immer mehr zur **Austauschbarkeit** der objektiven und funktionalen Qualität der angebotenen Produkte auf einem hohen Qualitätsniveau beiträgt. Auf diesen Märkten kennen sich die Konsumenten aus, und sie differenzieren zwischen alternativen Angeboten zunehmend nach dem angebotenen Erlebnisprofil. Erlebnismarketing bedeutet auch von **Anbieterseite** eine notwendige Marktanpassung.

Das Erlebnismarketing spricht nicht nur wohlhabende Konsumenten an. Auf **jedem** Lebensstandardniveau differenziert der heutige Konsument zwischen dem notwendigen Versorgungseinkauf mit Gütern des täglichen Bedarfs und dem zu seinem Lebensstil passenden Erlebniseinkauf im Rahmen seiner Freizeit.

Der Erlebniseinkauf ist folglich ein wesentliches Element der **Lebensführung**, die erworbenen Produkte und Dienstleistungen sind Attribute der Lebensqualität. Dabei beobachtet man einen Konsumenten, der immer vielfältiger, widersprüchlicher, unvorhersehbarer, unberechenbarer und individualistischer wird. Im Bild von Maslow besteht eine dynamische Bewegung in der Pyramidenspitze, nur so kann er alle Wertetrends gleichzeitig verfolgen.

Zielgruppen nach Alters- und Berufskategorien lösen sich zunehmend auf. Es müssen Zielmärkte nach Life-Style-Konzepten gesucht werden. So ist z. B. „Jugendlichkeit" nicht ein Alter, sondern ein Lebensgefühl, das alle Altersgruppen durchzieht. Neben den 20- bis 40-jährigen Verbrauchern müssen junge Alte ab 50 Jahren, die zunehmend zu Singles werden und weiblich sind, in Zukunft besonders berücksichtigt werden. Auch hier gibt es Trendsetter und Meinungsbildner, die erkannt und angesprochen werden müssen. Das Erlebnismarketing steht vor der Aufgabe, veraltete Leitbilder von „Jugend" aufzugeben, um sich verstärkt neuen Zielgruppen zu widmen.

Der Konsument von heute wird als **Hedonist** bezeichnet. Er will sich „nach Lust und Laune" verhalten, Spaß „hier und jetzt" haben und seine Gefühle „hautnah" ausleben. Vor allem beobachtet man einen Jugend- und Altershedonismus, weil mittlere Jahrgänge vor allem mit dem zeitraubenden Existenz- und/oder Familienaufbau befaßt sind.

Hedonistische Konsumenten fühlen sich demnach frei, sie nehmen sich die Zeit und genießen ihr Leben. Darin drücken sich auch Zufriedenheit mit dem Leben und optimistische Zukunftserwartungen aus, was mit dem Wissen um politische und ökologische Umweltprobleme durchaus verträglich ist.

5. Emotionale Erlebnisse als gesellschaftliche „Ersatzwerte"

Das Erlebnismarketing dient aber nicht nur Konsumenten, die die angestrebte Lebensqualität realisiert haben und ihre Bedürfnisse ausleben. Es spricht auch den an, der über **demonstrativen** Konsum einen individuellen Lebensstil zeigen will, den er selbst noch nicht realisieren kann. Produkte, Dienstleistungen und Konsumverhalten dienen dann ersatzweise und quasi **symbolisch** dem Streben nach Selbstverwirklichung.

Somit lassen sich zwei „Wertqualitäten" unterscheiden. Zum einen handelt es sich um den Fall, daß Menschen eine Lebensqualität erreichen möchten, zum anderen um den Fall, daß eine Lebensqualität bereits erreicht ist und beibehalten werden soll. Zwischen beiden Fällen werden gewisse Spannungen festzustellen sein, die zu grundlegend verschiedenen Folgen führen. Ein Mensch in der Offensive (auf dem Weg zum Idealzustand) fühlt und verhält sich anders als ein Mensch in der Defensive (bei der Verteidigung seines Idealzustandes). Eine solche Differenzierung zwischen erreichten und erstrebten Werten im Hinblick auf die Folgen für den Konsum ist in der empirischen Forschung wohl kaum vorgenommen worden.

Noch nicht erreichte Lebensqualitäten können durch **„Ersatzwerte"** kompensiert werden. Das Erlebnismarketing vermittelt dann Gütern und Dienstleistungen einen konkreten, erlebnishaften **Symbolgehalt.** Prominente Beispiele sind „Freiheit und Abenteuer" beim Zigarettenrauchen oder „Naturerlebnisse" beim Einkauf. De facto, also physisch, erlebt der Konsument die Erfüllung seiner Wünsche nicht. Weder löst ihn die Zigarette aus einer einzigen Bindung heraus, noch erspart ihm ein solches Geschäft einen Spaziergang durch den Wald.

Ein ersatzweises und dann nur befristet wirksames Erlebnismarketing appelliert an die **Dynamik der Marktkräfte.** Je mehr Aktivitäten zur Selbstverwirklichung unternommen werden, desto geringer wird die Anziehungskraft von Ersatzerlebnissen. Es ist schon ein Unterschied, ob Produkte und Dienstleistungen zur Lebensqualität beitragen oder sie ersetzen. Das Erlebnismarketing unterstützt und modifiziert gesellschaftliche Werte, es verhilft den Konsumenten zu mehr Lebensqualität, aber es löst keine Wertetrends aus.

C Erlebnisvermittlung mittels Produktgestaltung

1. Instrumente der Erlebnisvermittlung im Überblick

Der produktpolitische Gestaltungsbereich (hier wird der Einteilung von Nieschlag/Dichtl/Hörschgen, 1988, S. 177 f. gefolgt) legt gleichzeitig die Instrumente der Erlebnisvermittlung fest.

Die Produktqualität

Die Produktqualität als Ausdruck der Eignung eines Produktes für subjektive Verwendungszwecke knüpft über diese Zielkomponente direkt an die Erlebnisvermittlung an. Es geht um subjektive Verwendungszwecke, die einen Beitrag zur Lebensqualität der Konsumenten leisten.

Die Markenbildung

Die Markenbildung gehört zu den wichtigsten Instrumenten der Erlebnisvermittlung im Rahmen der Produktgestaltung. Mit zunehmender Markthomogenität wird es immer wichtiger, Strategien der Produktmarkierung zu verfolgen, wodurch ein homogenes Gut zu einer Markenpersönlichkeit wird. Dazu leisten alle absatzpolitischen Instrumente, insbesondere die Werbung, einen eigenen Beitrag. Der Aufbau des Markenartikels ist ein Kernstück der Erlebnisstrategie.

Das Produktdesign

Das Design betrifft das Produktäußere und spricht über Formgebung, Farbe und Material die Sinne der Konsumenten unmittelbar an. Es liegt also nahe, das Design in besonderem Maße in den Dienst der Erlebnisvermittlung zu stellen.

Die Packungsgestaltung

Die Packungsgestaltung betrifft ebenfalls das Produktäußere und erfüllt bekanntlich mehrere Funktionen. Dazu gehören auch die Kommunikations- und Imagefunktion, so daß Erlebnisqualitäten ebenfalls über die Verpackung vermittelt werden.

Die Nebenleistungen

Auch Nebenleistungen wie Garantie und Kundendienst beinhalten wichtige Beiträge zur Erlebnisvermittlung, wenn sie speziell auf die

Inhalte der Erlebnisqualitäten ausgerichtet werden. Dann müssen Garantie und Kundendienst nicht nur auf die Gebrauchsfähigkeit der Produkte, sondern vor allem auf ihre Verwendungszwecke bezogen werden.

2. Die Produktqualität

Bei Strategien der Erlebnisvermittlung geht es weniger um die **objektive** Produktqualität, die sich auf technische Merkmale und auf die vom Hersteller vorgesehenen Verwendungszwecke bezieht, sondern um die **subjektive** Produktqualität aus der Sicht der Konsumenten.

2.1. Ansatzpunkte der Erlebnisvermittlung

Die bereits genannten Kennzeichen **gesättigter Märkte** wie

- ausgereifte Produkte
- Produkterfahrungen
- geringes Involvement der Konsumenten

besagen für Strategien der Produktpolitik, daß Produktvariationen im technologischen Sinne weniger wichtig sind. Entscheidend ist die **wahrgenommene** Qualität der Produkte.

Da die **Wahrnehmung** der Konsumenten

- subjektiv (Entschlüsselung und Interpretation der Reize)
- aktiv (als ein Vorgang der Informationsverarbeitung)
- selektiv (Stimulusauswahl zur Informationsbewältigung)

erfolgt (vgl. Kroeber-Riel, 1990, S. 267f.), kommt es vor allem auf die Positionierung der Produktqualität in der Wahrnehmung der Konsumenten an. Welche Möglichkeiten bieten sich dazu an?

In vielen Fällen und in zunehmendem Maße erlauben weder die Produkteigenschaften noch die primären Verwendungszwecke der Produkte eine Differenzierung von der Konkurrenz. Es muß dann versucht werden, die Determinanten der **Lebensqualität** anzusprechen, die die Produktqualität subjektiv „tieferliegend" bestimmen. Damit rücken Motive der Konsumenten in den Vordergrund, die ihm nicht unbedingt bewußt sein müssen, jedoch zur Produktverwendung in einem emotional nachvollziehbaren Bezug stehen.

Die entscheidende Frage lautet: Welche Produkteigenschaften sind in der Lage, diesen übergeordneten Motiven auf der Ebene der Lebensqualität zu genügen? Erst dann (und im Verbund mit anderen Marketinginstrumenten wie z.B. der Kommunikation) leistet die Produktqualität einen Beitrag zur Erlebnisvermittlung.

*Dazu ein **Beispiel** aus der Praxis zur erlebnisorientierten Positionierung von Hausgeräten: Menschen im technologischen Zeitalter leben nicht isoliert, sondern suchen als Ausdruck ihrer Individualität zwischenmenschliche Beziehungen. Kontakte zur Umwelt signalisieren aktive Lebensgestaltung.*

Technologischer Fortschritt fördert die soziale **Mobilität.** Menschen leben und arbeiten dezentral, sie können Neigungen sowie Interessen nachgehen und eine **Persönlichkeitsentfaltung** anstreben wie nie zuvor. Moderne Technik unterstützt also gesellschaftliches Engagement, indem sie Energie für übergeordnete Lebenswerte freisetzt.

Der **Strategieansatz** lautet:

„Erlebte Technik" bedeutet eine Technik mit menschlichen Erlebniswerten. Zentrale Erlebniswerte, das heißt typisch für gegenwärtige Lebensstile und zukünftige Lebenserwartungen, sind insbesondere:

• Zwischenmenschliche Kommunikation als Ausdruck des persönlichen Lebensstils in einer Zeit zunehmender Technologie und Bürokratie.
• Soziale Mobilität infolge dezentraler Lebensweise und Wunsch nach Selbstverwirklichung.
• Freizeitaktivitäten, die durch moderne Hausgeräte ermöglicht werden.

Dazu die folgenden drei Beispiele (Abb. 1–3).

Diese Beispiele zeigen, daß Nutzenkriterien und Produktvorteile aus der Sicht des Anwenders beurteilt werden und nicht aus der Sicht des Herstellers. Es gibt keine objektiven, sondern nur subjektiv wahrnehmbare Produktvorteile.

Der Erlebnislinie werden daher alle produktspezifischen Überlegungen untergeordnet. Produktspezifische Qualitäten müssen subjektiv wahrgenommen und emotional erlebt werden können.

Wenn er für Elise mal in der Küche komponiert.

„Liebling, heut koch mal ich!" klingt's wie Musik in Ihren Ohren. Und schon ist Ihr Mann in der Küche verschwunden. Sie können gespannt sein. Denn der AEG REGENT ist ein Instrument, das auch er virtuos beherrscht. Die Programmfolge heute: Variationen zum Thema Borstenvieh und Schweinespeck. Die Ahhs und Ohhs begleiten den Meister und sein Werk an den Mittagstisch. Und der Applaus will wieder mal kein Ende nehmen. „Da capo, Maestro!"

AEG Elektroherd REGENT EHW 64 KLA mit Brat-Control

Seine Heißluft-Beheizung ermöglicht das Backen, Braten und Garen auf vier Etagen gleichzeitig bis 250°C. Er hat eine Elektrouhr mit verschiedenen Bratprogrammen sowie Vorwahl- und Abschaltautomatik.

Wir helfen gern: Ihre AEG

AEG

Abb. 1

In den Vordergrund der Erlebnislinie rückt die **Produktverwendung.** Im Mittelpunkt stehen sinnlich wahrnehmbare Produkterlebnisse wie:

- Kompetenz und Erfahrung des Herstellers ausgereifter Hausgeräte,

Wenn der Kriegspfad schon wieder mit Fusseln gepflastert ist.

Nicht böse sein. Ein weicher Teppich ist nun mal der schönste Spielplatz der Welt. Ist die weite Prärie, auf der Büffel gejagt, Wigwams gebaut, Postkutschen überfallen werden. Ist Großbaustelle oder Verschiebebahnhof. Was tut's? Ihr AEG VAMPYR macht alles wieder blitzschnell sauber. Kein Grund also, die Abenteuerlust Ihrer Kleinen zu bremsen.

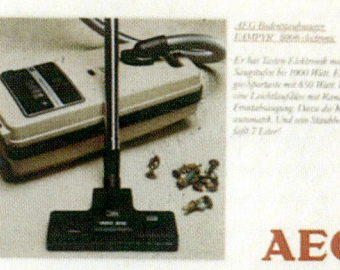

AEG Bodenstaubsauger VAMPYR 5086 electronic

Er hat Turbo-Elektronik mit fünf Saugstufen bis 1000 Watt. Eine große Spurbreite mit 650 Watt. Hat eine Leichtlaufdüse mit Rand- und Frontabsaugung. Dazu ein Kabel-automatik. Und ein Staubbeutel faßt 7 Liter!

Wir helfen gern: Ihre AEG

AEG

Abb. 2

- Vertrauen zur angebotenen Technologie bei Hausgeräten,
- Sicherheit und Lebensdauer moderner Hausgeräte,
- Beitrag der Hausgeräte zum Umweltschutz und zur Energieeinsparung,
- Zufriedenheit und Erfolg mit Hausgeräten in der Vergangenheit.

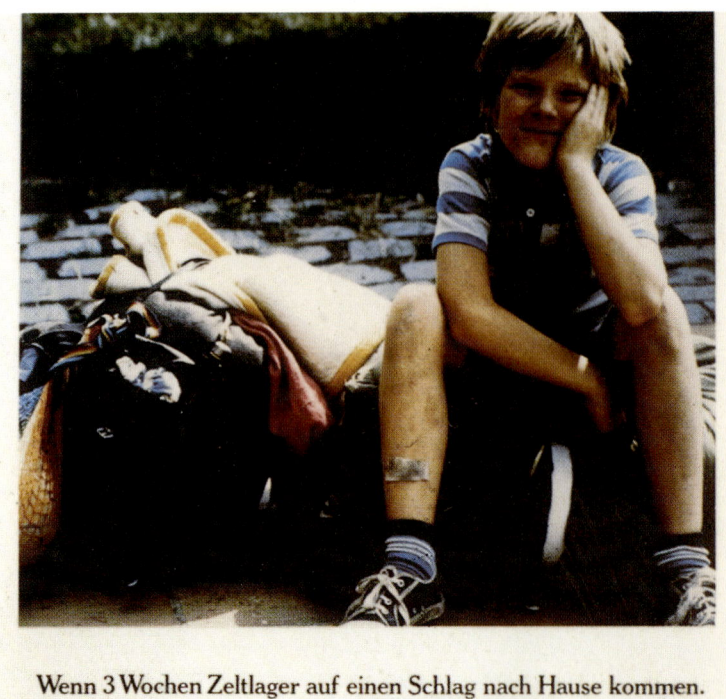

Wenn 3 Wochen Zeltlager auf einen Schlag nach Hause kommen.

Na endlich ist er wieder da. Ein bißchen
angekratzt, ein bißchen müde. „Aber ganz
toll war's", sagt er. Und bevor er stundenlang
erzählt, haben Sie schon längst den größten
Teil der Abenteuer an seinen T-Shirts, Pullis
und Jeans abgelesen. Was tut's. Hinein damit
in den AEG LAVAMAT und schon haben
Sie Zeit und Muße, ihm zuzuhören. Es war
doch zu lange zu still im Haus.

Wir helfen gern: Ihre AEG   **AEG**

Abb. 3

Produktspezifische Erlebniswerte werden also **emotional** verankert.
Die Auswahl der Verbraucherwünsche hängt von der Umsetzung der
Erlebnislinie ab. Die in der Erlebnislinie zum Ausdruck kommenden
Lebensstile und **Lebenserwartungen** legen die Emotionen zur Erleb-
niswertvermittlung auf der Produktebene fest.

2.2. Kriterien erlebnisorientierter Produktqualität

Die erlebnisorientierte Produktqualität geht unter den genannten Marktbedingungen davon aus, daß die qualitative Produktbeurteilung in erster Linie ein subjektives **Wahrnehmungsproblem** der Konsumenten ist. Die Wahrnehmung kann sich beziehen auf:

- die subjektiven Verwendungszwecke der Konsumenten, für die das Produkt geeignet ist und
- die nominal oder metrisch erfaßbaren Produktattribute, auf die sich Qualitätstests in bekannter Weise beziehen.

Für die Erlebnisvermittlung sind – kurz zusammengefaßt – die **subjektiven** Verwendungszwecke der Konsumenten maßgebend. Bei ausgereiften Produkten auf gesättigten Märkten mit gut informierten und entsprechend gering involvierten Konsumenten wird eine Differenzierung zur Konkurrenz nach der Gebrauchstauglichkeit der Produkte im üblichen Sinne kaum möglich sein. Auch die Konkurrenz bietet bewährte Problemlösungen an, so daß der „Grundnutzen" von allen Produkten nahezu gleich erfüllt wird. Die qualitative Differenzierung verlagert sich auf den „Zusatznutzen", jedoch nicht in der vordergründigen Ausrichtung auf Modetrends, Prestigewünsche oder saisonale Einflüsse. Derartige Produktvariationen wird es immer geben.

Die zentrale Frage lautet vielmehr: Welchen Beitrag leistet mein Produkt zur Lebensqualität der Konsumenten? Es sind solche Determinanten der Lebensqualität auszuwählen, zu denen eine Produktbeziehung möglich und sinnvoll ist. Die Festlegung derartiger übergeordneter „Verwendungszwecke" ist eine kreative, **unternehmerische** Entscheidung und läßt sich nicht logisch aus den Produkteigenschaften ableiten. Man denke an das genannte Beispiel für Hausgeräte, die als „erlebte Technik" der sozialen Mobilität der Konsumenten dienen.

Nach Festlegung der übergeordneten Determinanten, zu denen das Produkt einen Beitrag leisten soll, folgt die Prüfung der **Attribute** mit dem Ziel, ihre Gewichtung und Gestaltung an der Erlebnislinie auszurichten. Für die Qualitätspolitik sind mehrere Wahrnehmungseffekte beachtlich:

- **„Attributdominanz":** Einzelne Attribute eignen sich mehr als andere, die Erlebnisorientierung zu unterstützen. Sie müssen hinsichtlich ihrer emotionalen Wirkung besonders geprüft und operationalisiert werden, da sie zu Schlüsselinformationen im Rahmen der Kommunikation werden.

Beispiel: Serviceleistungen von Tankstellen bieten bessere Anknüpfungspunkte an Lebensstiltrends der Verbraucher als die selbstverständliche Bereitstellung von Treibstoff. Der Shop-Charakter bewirkt eine ganz andere Qualitätswahrnehmung als die klassische Tankstelle.

- „Irradiation": Alle Einzeleindrücke vom Produkt müssen untereinander stimmig sein. Gerade die emotional verankerte Erlebnisvermittlung darf keine „Bruchstellen" aufweisen, wenn Konsumenten – meist unbewußt – von einem einzelnen Produktattribut auf ein anderes schließen.

  Beispiel: Die Reparaturanfälligkeit eines Autos kann den Prestigewert des Markennamens und damit den Freizeit-Erlebniswert empfindlich beeinträchtigen.

- „Halo-Effekt": Nicht jedes Produkt weist die gleichen Freiheitsgrade in seiner Erlebnispositionierung auf. Vorhandene Produktimages oder bekannte Qualitätsurteile können hinderlich oder vielleicht sogar kaum überwindbar sein, Einzelattribute in der gewünschten Weise erlebnisorientiert zu positionieren.

  So fällt es **beispielsweise** *leichter, modische Artikel erlebnisorientiert zu positionieren als technische Geräte. Auch ostdeutsche Produkte werden Zeit benötigen, verfestigte Images zu korrigieren, was über Maßnahmen der funktionalen Produktverbesserung allein nicht möglich sein wird.*

Es muß demnach geprüft werden, inwieweit einzelne oder mehrere Produkteigenschaften einen besonderen Beitrag zum Produkterlebnis leisten. Darauf sind dann einzelne Maßnahmen der Produktgestaltung auszurichten. Die Erlebnisorientierung liefert also Kriterien und Maßstäbe zur Qualitätspolitik.

Damit leistet die Qualitätspolitik auch einen Beitrag, sich den Bedingungen gesättigter Märkte zu entziehen. Technisch ursprünglich homogene Produkte werden durch ihren Erlebnisbeitrag heterogenisiert, vor allem in der Wahrnehmung der Konsumenten, sekundär vielleicht auch durch produktgestalterische Maßnahmen.

2.3. Praktische Folgerungen

Die erlebnisbezogene Qualitätspolitik orientiert sich ausschließlich am **Verwender** und eignet sich besonders für gesättigte Märkte. Sie sollte versuchen, die Wahrnehmung der Konsumenten über mehrere Sinne zu erreichen, und sie weist enge Beziehungen zur Kommunikationspolitik auf. Das muß sich in einem **erlebnisbetonten Produktbriefing** niederschlagen. Die Vorgehensweise dabei ist folgende:

1. Schritt: Analyse des vorhandenen Produktes hinsichtlich der Verwendungszwecke und der **Gebrauchstauglichkeit** einzelner technischer Merkmale. Eine wesentliche Voraussetzung für Erlebnisstrategien ist es ja, daß der „Grundnutzen" durch das Produkt bereits bestens erfüllt wird. Qualitative Mängel auf dieser Ebene erschweren und verhindern oft sogar eine Erlebnisstrategie. Enttäuschte oder verärgerte Konsumenten sind bekanntlich schlechte Genießer!

2. Schritt: Analyse der Determinanten der **Lebensqualität**, zu denen das Produkt einen Beitrag leisten kann, z. B. zu Selbstverwirklichung, Lebenssicherheit, Freizeit, Familie, Umwelt, Energie, Genuß und Kommunikation, um die derzeit wichtigsten Möglichkeiten zu nennen. Die Festlegung der **Erlebnislinie** ist ein **kreativer Akt** und eine **unternehmerische Entscheidung,** die der Qualitätspolitik als Marketing-Dachstrategie vorgegeben sein kann.

Grundsätzlich ist jedes Produkt mit jedem Erlebniswert verknüpfbar. Je weiter die „logische Distanz", umso intensiver muß die „psychische Nähe" aufbereitet werden. Dazu ist eine enge Abstimmung mit der **Kommunikationspolitik** erforderlich. Die Produktpolitik entscheidet aber ebenso darüber, ob der erlebnisorientierte Produktnutzen – egal ob als Grund- oder Zusatznutzen bezeichnet – von Herstellerseite gewollt ist und von Konsumentenseite angenommen werden kann.

3. Schritt: Die Prüfung der Produkteigenschaften nach ihrem Beitrag zur Erlebnisvermittlung wird meist zeigen, daß ihre Gewichtung zur Produktbeurteilung unterschiedlich ausfällt. So erhält man Hinweise, auf welche Eigenschaften es besonders ankommt, ob sie an der Erlebnislinie ausgerichtet werden können und ob nicht andere Eigenschaften zwar für die Funktionstüchtigkeit unverzichtbar, für den übergeordneten Produktzweck jedoch ohne Belang sind.

Beispielsweise wird ein Turbolader das psychische Fahrerlebnis mit einem sportlichen Wagen mehr unterstützen als technische Aggregate, die „nur" notwendig sind.

Eine erlebnisorientierte Qualitätspolitik bedeutet nicht nur eine Neudefinition der Produktqualität, sondern auch eine neuartige Sichtweise aus Konsumentenperspektive. Die Gebrauchstauglichkeit der Produkte orientiert sich vornehmlich an der Gefühls- und Erfahrungswelt der Konsumenten, um einen Beitrag zu ihrer Lebensqualität zu leisten.

3. Die Markenbildung

Neben der Packungsgestaltung dient vor allem die **Namensgebung** der Produktmarkierung. Bekannte Produktpersönlichkeiten sind die **Markenartikel,** zu deren Merkmalen die gleichbleibende Markierung, Packung, Qualität und Quantität, Werbung und Distribution zählen. Sowohl Herstellermarken als auch Handelsmarken können Markenartikel sein.

3.1. Kriterien des Markenartikels

Unter Markenartikeln versteht man übereinstimmend Güter, die durch ein **Markenzeichen** gekennzeichnet sind und sich durch einen zeitlich relativ stabilen und prägnanten **Eigenschaftskatalog** auszeichnen. Man kennt Markenwaren seit Urbeginn der Wirtschaftsgeschichte und sieht daran das Bemühen von Herstellern und Händlern, den technologischen und ökonomischen Herausforderungen ihrer Zeit zu begegnen. Es handelt sich beim Markenartikel also nicht um ein statisches Gebilde, sondern um ein **dynamisches** Spiegelbild der jeweiligen Wirtschaftsepoche.

Die **Markierung** gibt Aufschluß über die Herkunft des Produktes und ermöglicht es dem Anbieter, aus der Anonymität herauszutreten. Der Anbieter kann sich durch Eintragung des Markenzeichens in die vom Deutschen Patentamt geführte Warenzeichenkontrolle vor Nachahmung schützen. Dem Verbraucher hilft die Markierung im Sinne einer

Schlüsselinformation, um das Produkt leichter identifizieren und bewerten zu können.

In der Regel werden folgende **Eigenschaften** dem Markenartikel zugeschrieben:

- Gleichbleibende und hohe **Qualität** der Marke im Sinne eines Vertrauensschutzes der Verbraucher
- **Ubiquität** im Sinne einer flächendeckenden Distribution des Markenartikels, z. B. in bestimmten Betriebsformen des Einzelhandels
- **Image** und **Verkehrsgeltung** im Sinne einer Sonderstellung der Erzeugnisse durch Maßnahmen der Kommunikations-, Preis- und Distributionspolitik. Das gilt vor allem für ausgereifte und austauschbare Produkte auf gesättigten Märkten.

Folgt man der Auffassung, daß der Begriff des Markenartikels ein aktuelles Spiegelbild der jeweiligen Wirtschaft sein soll, so müssen seine Definitionsbestandteile bei einer instrumentalen Begriffsabgrenzung um **ökologische** Dimensionen erweitert werden. Markenartikel der Zukunft werden sich der ökologischen Herausforderung nicht entziehen können.

3.2. Erlebniswert des Markenartikels

Die langfristig gleichbleibende Markierung des Markenartikels begünstigt ihn für die Erlebnisvermittlung, da Markenbeachtung und Markenbewußtsein dominante psychische Prozesse sind. Markenartikel erzielen einen umso höheren Anteil an markentreuen Konsumenten, je stärker die Erlebnisstruktur mit der Verbrauchereinstellung übereinstimmt. **Markenindifferenz** und vom Preis gesteuerte Käufe findet man besonders dann, wenn die Marken für den Verbraucher erlebnismäßig weniger bedeutsam sind. Kauferlebnisse kann der Verbraucher nur auf Märkten suchen, die ihm wichtig und mit prägnanten Marken besetzt sind.

Vor allem trägt der **Markenname** zur Markenbildung und damit zum Erlebniswert eines Markenartikels bei. Entsprechend versteht man unter **Branding** die Umsetzung einer Werthaltung der Konsumenten zum Produkt in einen unverwechselbaren Namen, der attraktiv und merkfähig ist, sich schutzfähig vom Wettbewerb abhebt und in den Augen der Verbraucher eine wertmäßige Alleinstellung seines Trägers beansprucht. So werden Marken nicht nur zu Markenpersönlichkeiten, sondern auch zu unternehmerischen Vermögenswerten. Das gilt vor allem dann, wenn sie in der Lebensqualität der Konsumenten verankert werden, worauf es ja bei Erlebnisstrategien ankommt.

Beispiele aus der Praxis sind die Marke „Swatch", die das englische Wort „watch" originell verfremdete, oder die SEAT-Modelle (Ibiza, Marbella), die leicht Assoziationen zum Herstellerland ermöglichen.

3.3. Erlebnisorientierte Markenbilanz

Eine aktuelle Forderung von Wissenschaft und Praxis ist die Feststellung des „tatsächlichen Wertes" von Marken. Darüber gibt die Bilanz eines Markenartikelunternehmens bekanntlich keine Auskunft.

Der Wert des Markenartikels ist aber die zentrale Größe strategischer Markenpolitik. Sie steht im Zentrum der mittel- bis langfristigen Erfolgsplanung und ist eine wesentliche Bewertungsgröße bei Übernahme von Markenartiklern.

Der **Markenwert** kann als die Summe aller Vorstellungen definiert werden, die Marktpartner (z. B. Handel und Konsument) dem Markenartikel beimessen und die den zukünftigen Markterfolg beeinflussen. Im Markenwert kann man ein Spiegelbild des ökonomischen Erfolges im Markenwettbewerb sehen.

Empfehlenswert ist eine **branchenspezifische** Ermittlung von relevanten **Beurteilungskriterien** des Markenwertes. Sowohl interne als auch externe Beurteilungskriterien sollten so operationalisiert werden, daß ein quantitativer Markenwert-Index auf wenigstens Ratingniveau berechnet werden kann.

Ein derartiger **Markenwert-Index** bewertet die Zukunftstüchtigkeit eines Markenartikels auf der Basis der wesentlichsten und für den Erfolg relevanten Kriterien, zu denen beispielsweise zählen: Marktgröße, Wertschöpfung des Marktes, Stärken und Schwächen der Mitbewerber, Markteintrittsbarrieren, Konkurrenzverhalten, die gewichtete Distribution, Umsatz- und Marktanteilsdynamik, Marktposition und Produktvorsprung, relevantes Renditepotential, Verbrauchereinstellungen, Markenidentifikation, Werbeerinnerung, Schutz der Markenrechte, internationale Bedeutung und Diversifikationspotential.

Diese Aufzählung ist nicht vollständig und kann nur branchen- sowie markenspezifisch festgelegt werden. Auch die Gewichtung der Kriterien ist eine Frage der empirischen Validität auf dem betreffenden Markt.

Zur **Erlebnisorientierung** des Markenwertes lassen sich die Verbrauchervorstellungen in unterschiedlicher Breite und Tiefe erfassen sowie nach verschiedenen Gesichtspunkten gewichten und miteinander verrechnen. Zu diesen Kriterien zählt vor allem auch die Markenbindung der Konsumenten, die ermittelt werden kann aus Markentreue, Markenvertrauen, Markenaktualität (Share of Mind), Markenidentifikation und Werbeerinnerung. Eine hohe Markenbindung auf dieser Basis läßt indirekt auf ein prägnantes Markenerlebnis schließen.

Eine Markenbilanz, die den Erlebnisbeitrag einer Marke direkt erfassen will, muß bei hoher Markenbindung versuchen, eine direkte Beziehung zwischen der Marke und den erörterten Determinanten der Lebensqualität herzustellen. Gelingt dies und handelt es sich um zeitlich stabile Bezugsgrößen des Konsumentenverhaltens, so weist die Markenbilanz ein **verhaltenswirksames** Steuerungsinstrument der Markenpolitik aus.

3.4. Praktische Folgerungen

Der Markenartikel gewinnt zunehmende Bedeutung im Erlebnishandel, da er bereits durch Hersteller- oder Handelsaktivitäten vorverkauft ist. Ob ein Markentrend in einen Erlebnismarkt paßt, hängt nicht nur vom Produktwert ab, sondern auch von der Sortimentskonzeption des einzelnen Marktes.

Neben den hier differenzierten Feldern der Produktgestaltung muß im Rahmen der Markenbildung geprüft werden, inwieweit ein erlebnisorientiertes **Branding** möglich ist. Schon die **Namensgebung** muß sich an Wertetrends ausrichten, nach denen Konsumenten ihre Kaufentscheidungen fällen. So lassen sich assoziative und artifizielle Begriffe finden, die zur anvisierten Lebensqualität besonders passen.

Wichtig sind vor allem die Stabilität und Langfristigkeit der **Produktmarkierung**. Änderungen in der Markierung ändern den Erlebniswert. Ein konstanter Auftritt ist eine Basisbedingung für die Erlebnisvermittlung.

4. Das Produktdesign

Design betrifft in der Regel das visuell Wahrnehmbare und hat insbesondere mit **Ästhetik** zu tun. Auf diesen Definitionskern einigen sich die meisten Autoren. Koppelmann (1988) ordnet das **Produktdesign** als einen Teilbereich des Industrial Designs ein, während das Grafik-Design die optische Umsetzung einer Nachricht betrifft und häufig als „visuelle Kommunikation" bezeichnet wird. Im Mittelpunkt der aktuellen Diskussion steht das **Corporate Design,** da es die optische Präsentation des gesamten Unternehmens betrifft und somit auch die übrigen Arbeitsschwerpunkte einschließt.

> *Beispiele: Braun und Lamy haben aus der Gestaltung ihrer Produkte eine Unternehmensphilosophie aufgebaut. Rowenta positioniert Hausgeräte (Toaster, Kaffeekanne) als Teil des Frühstückserlebnisses durch Anpassung des Designs an Farben und Decors ausgewählter Eßservice. Martini & Rossi nutzt die Verpackung als verlängerten Arm der Medienwerbung am PoS durch Abbildung von Motiven aktueller Anzeigenkampagnen.*

> *Andere* **Beispiele** *liefern Armbanduhren und Brillen: Eine Armbanduhr wie die Swatch geht vom Bedürfnis der Konsumenten nach Abwechslung und modischem Auftritt aus. Diese Uhr ist nicht nur ein Zeitmesser, sondern auch und vor allem ein* **nonverbales** *Kommunikationsmittel (vgl. Weinberg, 1986 b). In vergleichbarer Weise entwickelt sich die Brille durch neues Design von der bloßen (und austauschbaren) Sehhilfe zum Bestandteil des gesamten kommunikativen Eindrucks einer Person.*

> *Im Zuge dieser Bemühungen werden Bügeleisen zu bunten Haushaltsgeräten, bebilderte Kühltruhen zu lustbereitenden und appetitanregenden Nahrungsspendern.*

4.1. Funktionen des Produktdesigns

Zweifellos kommt der **äußeren Erscheinung** eines Produktes auf gesättigten Märkten und bei der Tendenz zu funktional austauschbaren Produkten eine wachsende Bedeutung zu. Produkte werden nicht wahllos gekauft, und das gilt vor allem für Produkte mit Designansprüchen.

Allgemein sagt man, daß professionell konzipiertes Produktdesign die Marktchancen erhöht, denn es erfüllt folgende Funktionen:

- **Praktische Funktion:** Im Mittelpunkt steht die sachliche Leistung des Produktes, und das Design dient dazu, die Produktfunktion zu unterstützen. Die Folgen sind allerdings häufig auch austauschbare und langweilige Produkte. Das Design dient dann nicht mehr der Produktdifferenzierung und der Imageprofilierung, sondern unterstützt die Markthomogenität und erschwert dem Verbraucher das Auswahlproblem.

  Beispielsweise lassen sich hier viele technische Geräte anführen wie TV, HiFi-Anlagen und Küchengeräte. Ein ähnlicher Trend ist bei den Pkw's unter dem Diktat der Aerodynamik beobachtbar.

- **Ästhetische Funktion:** Hierbei stehen formale Anmutungen im Vordergrund. Schönheit und Individualität sind grundsätzlich begrüßenswerte Bestrebungen im Rahmen der Designpolitik, sie bergen aber die Gefahr der künstlerischen Verselbständigung und werden dann zum Selbstzweck des Künstlers, und Design als Kunst verliert den Bezug zum Marketing. Deshalb ist es besonders wichtig, bei der Realisierung ästhetischer Kriterien wie

  Prägnanz, Einfachheit, Klarheit

  nicht nur dem Wahrnehmungsvermögen der Konsumenten zu genügen, sondern auch der Produktakzeptanz.

  Beispiele: Manche Pkw-Hersteller bemühen sich verstärkt, betonte Designästhetik in den Dienst der Verwender zu stellen, so z. B. Mazda mit dem neuen 121-Modell. Mißlungen ist es einigen HiFi-Herstellern, deren Geräte durch die ästhetische Anordnung zahlloser Knöpfe, Lichter und Anzeigen dem einfachen Anwender so manches Rätsel aufgeben.

- **Symbolische Funktion:** Produktdesign hat soziale Wirkungen, da Produkte mit Designansprüchen einen Beitrag zur Lebensgestaltung nach außen und zum demonstrativen Konsum leisten. Produktdesign und Lebensstil weisen enge Bezüge auf, unterliegen aber der Gefahr von Modeströmungen. Kurzfristige Modetrends erschweren den Marktakzeptanzprozeß für langfristig konzipierte Strategien des Produktdesigns.

Beispiel: *So haben es die Verbände des „kontrolliert-biologischen"
Landbaus wie DEMETER oder BIO-LAND seit längerem
schwer, sich gegen die im anfänglichen Boom entstandenen „Pseu-
do-Bioprodukte" klar abzugrenzen und durchzusetzen.*

Eine an den Wertsystemen und Lebensstilen der Konsumenten orientierte Designpolitik benötigt wirtschaftlich rechenbare Design-Ergeb-
nisse. Dazu empfiehlt sich eine möglichst detaillierte, produktspezifische Feststellung der Designkomponenten.

*So führt beispielsweise ein Türklinkenhersteller seinen Erfolg auf ei-
ne sorgfältige Analyse der Designwirkung seiner Produkte zurück,
die dazu führte, namhafte Designer für die Fortentwicklung der
Produktlinie zu verpflichten. Der Markterfolg übertraf alle Erwartungen!*

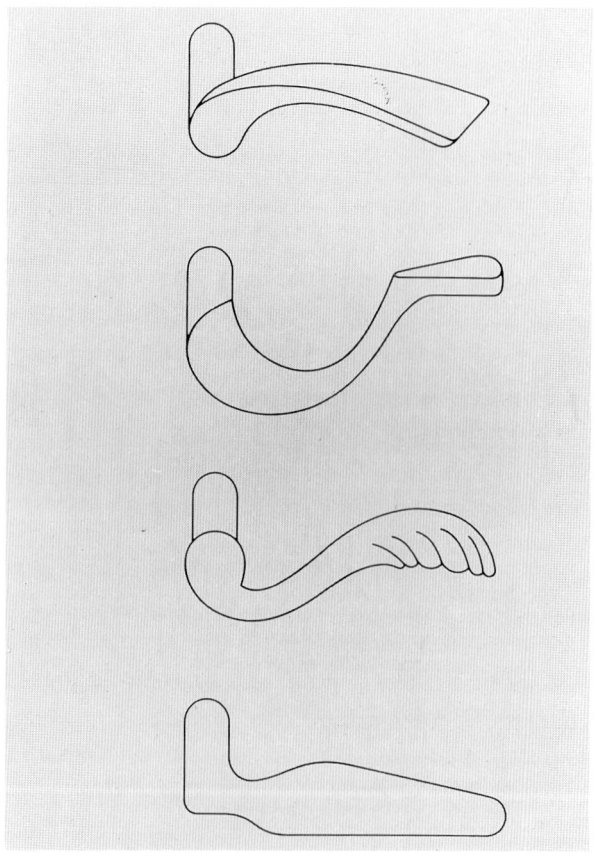

Handformgriffe

4.2. Design als Sozialtechnik

Die Orientierung des Designs an produktpolitischen Funktionen hat auf vielen Märkten zu negativen Erscheinungen geführt:

- Das Streben nach funktionalem Design hat häufig langweilige und austauschbare Produkte hervorgebracht. Die Bedürfnisse der Konsumenten wurden dann unzureichend berücksichtigt und durch Leitbilder der Designer ersetzt.
- Die Hauptfunktion des Produktdesigns wird im wesentlichen in der Vermittlung von Ästhetik gesehen. Dabei steht der Designer selbst im Mittelpunkt, weniger der Konsument mit seinen Ansprüchen nach emotionalen Erlebnissen.

Beiden Fehlentwicklungen kann begegnet werden, wenn die Gestaltung des Produktdesigns als eine **Sozialtechnik** verstanden wird, um das Marktverhalten der Konsumenten zu beeinflussen. Produktdesign muß mehr leisten, als aufzufallen und zu gefallen. Es muß seine Zugehörigkeit zur Lebenswelt der Konsumenten signalisieren, begehrenswert erscheinen und somit zu einem Bestandteil der **individuellen Lebensqualität** werden. Mit anderen Worten: Das Produktdesign leistet einen wesentlichen Beitrag zur Erlebnisvermittlung bei immer härter werdendem Wettbewerb um Käufer und Marktanteile.

Die Forderung nach erlebnisbetontem Design bedeutet, daß die **Bedürfnisse** der Konsumenten in den Mittelpunkt der Produktgestaltung gerückt werden, nicht durch Lippenbekenntnisse im Sinne von Wunschbildern der Designer, sondern durch konkrete Orientierung an den Lebensgewohnheiten der Verbraucher. Funktionalität und schöne Form des Designs reichen für eine attraktive Umweltgestaltung nicht aus.

Sozialtechnische Erkenntnisse auch für Produktdesigner liefert die **Umweltpsychologie.** Sie untersucht die Beziehungen zwischen dem Menschen und der von ihm geschaffenen Umwelt. Die Beziehungen zwischen ihnen (einschließlich der Produkte) lassen sich folgendermaßen zusammenfassen (vgl. auch Winkel, 1977, S. 26 f.):

- Die Umwelt wird vom Individuum ganzheitlich erlebt, das heißt, **seine** Umwelt integriert die Produkte zu einem Gesamtbild aus individueller Sicht.

- Umwelteinflüsse und Verhalten bedingen sich gegenseitig. So weiß man aus mehreren Tests, daß Menschen in Einkaufsstätten, in denen sie sich wohlfühlen, gerne und länger verweilen und entsprechend auch mehr einkaufen. Dazu leistet das Produktdesign einen wesentlichen Beitrag als Teil der Umweltgestaltung, auf die der Konsument seine besondere Aufmerksamkeit richtet.

- Die Umwelt wirkt sich häufig unterhalb der Bewußtseinsschwelle aus, das heißt auch, daß die Erlebnisvermittlung mittels Produktdesign mehr emotional als gedanklich erfolgt. Es ist schon ein Unterschied, ob ein Produkt lediglich als schön beurteilt oder als passender und attraktiver Bestandteil zur **eigenen** Lebensqualität empfunden wird.

- Die Umwelt wird als eine Anordnung von subjektiven **Vorstellungsbildern** wahrgenommen. Diese Aussage unterstreicht die Erfahrung, daß Produkte sehr unterschiedlich auch in ihrer Anmutung eingeordnet werden. Man muß also seine Konsumenten gut kennen, um zu wissen, wie Produkte in speziellen Umwelten auf sie wirken. Es gibt keine Standardisierung des Produktdesigns!

- Die Umwelt hat Symbolwert. Diese Erfahrung knüpft unmittelbar an die Kommunikationsfunktion des Produktdesigns an. Auch das Produktdesign signalisiert Lebensstile, die mit vielfältigen Determinanten der Lebensqualität verknüpft sind.

Aus umweltpsychologischer Sicht kommt es also darauf an, Produktdesigns zu entwickeln, die einen Beitrag dazu leisten, daß Konsumenten von ihrer Umwelt angenehm aktiviert werden. Diese Wirkungen können als „Erlebniswirkungen der Umwelt" (Kroeber-Riel, 1984b) bezeichnet werden. Von ihnen hängen die Anziehungskraft einer Marke und die Präferenzen der Konsumenten ab.

4.3. Praktische Folgerungen

Die Orientierung des Produktdesigns an seiner Erlebniswirkung läßt sich folgendermaßen operationalisieren:

Multisensuale Erlebnisse vermitteln

Das Design eines Produktes muß die **gesamte** sinnlich wahrnehmbare Gestaltung umfassen, also Form und Farbe, Geruch und Geschmack, Geräusch und Griffigkeit usw. (Kroeber-Riel, 1984b). Es geht also

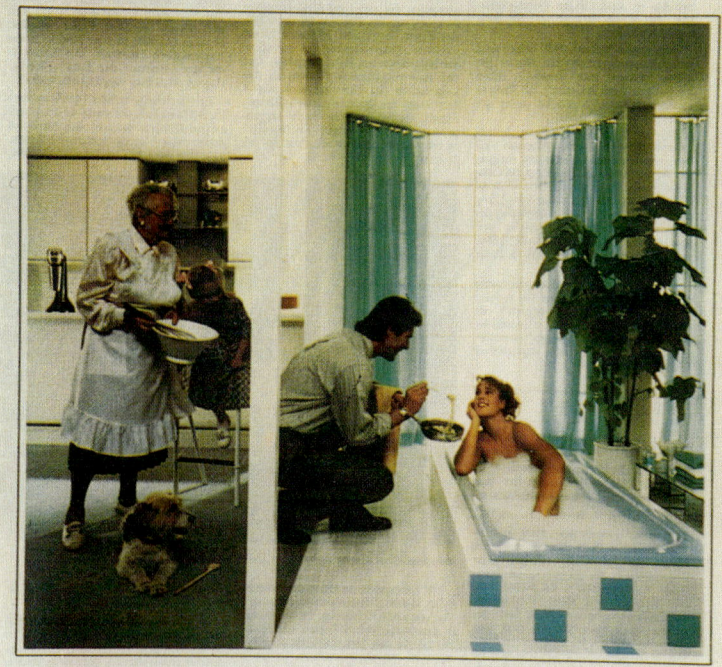

Abb. 4

nicht nur um das visuelle Erscheinungsbild, das beim Primat der Ästhetik von vielen Designern präferiert wird.

Beispiele hierzu sind die Mikroverkapselung von Duftstoffen in Produkten, Geräusch- und Dufterlebnisse bei Schallplatten sowie die Verwendung von Umweltreiz-Kassetten, die mehrere Sinne der Konsumenten ansprechen.

Orientierung an den Lebensstilen der Verbraucher

Trotz aller Bekenntnisse der Designer wird zu wenig berücksichtigt, wie einzelne Produkte vom Verbraucher verwendet werden und welcher Stellenwert ihnen im Rahmen der Lebensqualität zukommt.

Ein Beispiel: Ein Badewannenhersteller verdoppelte seinen Umsatzerfolg in wenigen Jahren, als er erkannte, daß die von ihm hergestellten Wannen einen wesentlichen Beitrag zur Wohnqualität der Zielgruppe leisten. Erst eine genaue Analyse der „erlebten Wohnkultur im Badbereich" gab Hinweise auf den Beitrag des Produktdesigns zur Erlebnisvermittlung (siehe Abb. 4).

Schaffung heterogener Produktpersönlichkeiten

Gemeinsam mit Maßnahmen zur Produktqualität, der Markenbildung und Verpackung trägt das Produktdesign zur **Produktpersönlichkeit** bei. Das ist selbstverständlich.

Dazu ist es aber notwendig, die unternehmerische Erlebnislinie nicht nur ästhetisch und kompatibel in Designentwürfe umzusetzen, sondern zu versuchen, das Produkt in der Umwelt sozialtechnisch zu positionieren. Das bedeutet: Eine genaue Analyse der möglichen Produktwirkungen in der jeweiligen Umweltsituation vornehmen und prüfen, inwieweit das Design daran beteiligt ist.

Berücksichtigung aktueller Wertetrends

Produktdesigns unterliegen dem Zeitgeist. In einer Zeit der Ressourcenknappheit und Informationsüberlastung der Konsumenten werden nur die Designentwürfe langfristig überleben, die einen Beitrag zur Sparsamkeit im ökonomischen und psychischen Sinne leisten. Hier kommt den Designern auch eine normative Funktion zu, nämlich Lebensfreude und Lebensqualität **zeitgemäß** in Design umzusetzen.

5. Die Packungsgestaltung

Die Verpackung als Bestandteil der Produktpolitik erfüllt bekanntlich mehrere **Funktionen**. In erster Linie hat sie den Zweck, Erzeugnisse „griffig" und damit verkäuflich zu machen sowie bei Transport und Lagerung vor Beeinträchtigungen zu schützen. Sodann dient die Verpackung kommunikativen Zwecken, angefangen bei Informationen für Verwender bis hin zur Werbung im Rahmen der Imagepolitik.

Die Verpackung unterstützt auch die **Markierung** und Qualitätswahrnehmung der Konsumenten. Besondere Bedeutung wird in Zukunft ihrer **ökologischen** Dimension zukommen.

5.1. Trends in der Verpackungspolitik

Die Verpackungspolitik unterliegt mehreren aktuellen Trends, die widersprüchliche Anforderungen an die Gestaltung stellen:

- Die Zunahme der **älteren Bevölkerung** und die steigende Anzahl **kleiner Haushalte** erfordert die Bereithaltung reduzierter und bedarfsgerechter Mengeneinheiten.
- Der Trend zu **Natur und Umwelt** fördert den Verzicht auf aufwendige und künstliche Verpackungen.
- Der Trend zur **Freizeit** erhöht den Dienstleistungsbedarf vor, während und nach dem Kauf. Die Verpackung kann dazu einen wesentlichen Beitrag leisten.
- Der Trend zu genauerer **Information** unterstützt informative und sachliche Verpackungen, die die Kaufentscheidung erleichtern.
- Der Trend zur **Spezialisierung** fördert Sortimentserweiterungen, bessere optische Warenpräsentationen und entsprechenden Service. Sowohl der Service als auch die Warenpräsentation sind dann auch Aufgaben der Verpackungspolitik.
- Der Trend zu einem **persönlichen Lebensstil** führt auch zu Verpackungen, die der Selbstdarstellung und dem sozialen Abhebungsbedürfnis dienen.

Wie alltägliche Erfahrungen zeigen, ist das **Verpackungsbewußtsein** bei den Konsumenten hoch. Einerseits präferieren sie Produkte, bei denen die Verpackung das Einkaufserlebnis mitträgt (z. B. Süßwaren von Ferrero), andererseits findet die Forderung nach Abbau „überflüssiger" Verpackung eine breite Unterstützung. Die Verhältnismäßigkeit zwischen Verpackung und Inhalt wird also zunehmend bewußter reflektiert.

5.2. Erlebniswirkungen der Verpackung

Fragt man nach den **Erlebniswirkungen** der Verpackung, so läßt sich zeigen, daß progressive und regressive Tendenzen unterschiedlichen Phasen des Konsumentenverhaltens zugeordnet werden können (vgl. Hansen, 1986):

Die Verpackungswirkung beim Verkauf

Beim Verkauf am PoS, vor allem bei der Selbstbedienung, kommt der Verpackung eine dreifache Funktion zu: Sie soll

- Aufmerksamkeit schaffen
- informieren und beraten
- Kaufreize auslösen.

Als „stiller Verkäufer" trägt die Verpackung am PoS wesentlich zur Erlebnisvermittlung bei. Mittels Geruch, Form und Farbgebung, Grafik, Symbolik und Slogans hat sie eine aktivierende Funktion, unterstützt die Anmutung und fördert Erlebniserwartungen. Damit tritt die Verpackung in einen engen Verbund mit Design und Markenbildung, was die Erlebnisvermittlung betrifft.

> *Beispielsweise verdankt Ferrero seinen Markterfolg der „einfachen" Idee, Pralinen einzeln zu verpacken.*

Bei bekannten Produkten, die habitualisiert oder geplant gekauft werden, muß die Erlebnislinie, die von den übrigen Marketinginstrumenten kommuniziert wird, von der Verpackung mitgetragen werden. Das gilt für Produktabbildungen und Slogans ebenso wie für die Wahl von Material und Farbe der Verpackung.

> *Man denke **beispielsweise** an Widersprüche im Erscheinungsbild, wenn jugendliche Produkte in ältlichen Farben verpackt werden, an moderne PC's in biederen Eichenschränken oder an aktuelle Parfüms im 4711-Look.*

Die Verpackung beim Gebrauch

Die Verpackung muß dazu beitragen, Konsumerlebnisse zu **realisieren**. Dazu muß bekannt sein, in welcher Ge- und Verbrauchsatmosphäre das Produkt und damit die Verpackung benutzt wird. Sie muß also den Produktgebrauch im gewünschten Sinne ermöglichen und möglichst sogar unterstützen. Man denke hier an die häufigen Fälle, daß die (vielleicht falsche) Benutzung der Verpackung den Produktgebrauch erschwert und den Genuß sogar behindern kann.

Von besonderer Bedeutung ist die **Irradiationswirkung** der Erlebnisqualitäten von Verpackungen auf den Inhalt während des Ge- und Verbrauchs von Produkten. Das gilt vor allem für Produkte mit geringer Wirkungstransparenz und gleichzeitig langfristiger Nutzung der Verpackung (z. B. Kosmetika).

Zur emotionalen Produktdifferenzierung als Kern der Erlebnisvermittlung sind **Irradiationsprozesse** von besonderer Bedeutung:

*Experimente zeigen **beispielhaft**, daß identische Weine geschmacklich besser beurteilt werden, wenn sie in Flaschen anstatt in Kartons abgepackt (vgl. Nöhmayer, 1986) bzw. mit anspruchsvolleren Etiketten beschriftet werden (vgl. Schrattenecker, 1986).*

Die Verpackung bei der Entsorgung

Bei Beendigung der Ge- bzw. Verbrauchsdauer bieten sich für die Verpackung drei Möglichkeiten:

- Sie kann im Sinne der Erlebnislinie durch Wiederbenutzung weiterverwendet werden (z. B. zum Nachfüllen von Waschmitteln).
- Sie kann für andere Zwecke verwendet werden. Dann kommt es darauf an, diese Doppelfunktionen der Verpackung rechtzeitig kommunikativ umzusetzen.

   *Bekannte **Beispiele** hierzu sind Verpackungen, die als Gläser oder Becher weiterverwendet werden können, denkbar sind Flaschen als Kerzenständer, Kartons als Umzugshilfen u. a. m.*

- Muß sie als Müll oder Abfall entfernt werden, steht der Konsument vor einer meist negativ erlebten Notwendigkeit. In diesem Falle ist es besonders wichtig, daß die Entsorgungsaktivitäten das Einkaufserlebnis nicht nachträglich emotional überlagern, um die wiederholte Erlebnisvermittlung nicht zu gefährden. In diesem Falle bieten sich zwei Hilfen an. Entweder muß die Verpackung dem Verbraucher insoweit gerechtfertigt erscheinen, daß sie sein Kaufverhalten nicht beeinträchtigt. Das sind Anforderungen an die Produkt- und Kommunikationspolitik in der Vorverkaufsphase. Oder die Entsorgung wird von Anbieterseite (Hersteller oder Handel) erleichtert oder unterstützt, sei es durch Hilfestellungen, Rücknahmen oder Umweltinformationen.

> *Beispielsweise sollten bevorzugt leicht abbaubare bzw. schnell recyclebare Materialien wie Papier oder Glas verwendet werden, die ohne besonderen Aufwand über die zahlreichen Container der Wiederverwendung zugeführt werden können.*

5.3. Praktische Folgerungen

Zur Erlebnisvermittlung mittels Verpackung muß schrittweise geprüft werden:

1. Welche **Funktionen** erfüllt die Verpackung? Auf gesättigten Märkten mit ausgereiften Produkten, die vom Konsumenten ohne Involvement gekauft werden, kommt es vor allem auf die **Kommunikationsfunktion** der Verpackung an. Es muß geprüft werden, ob sie im Sinne der Erlebnislinie emotional anregt.

2. Wie **verhaltensrelevant** ist die Verpackung in den drei Phasen Kauf, Gebrauch und Entsorgung? Es muß geprüft werden, ob die Erlebnisvermittlung am PoS nicht vom Gebrauch und der Entsorgung der Verpackung beeinträchtigt wird und inwieweit Möglichkeiten bestehen, die Erlebniswirkung in den Nachkaufphasen mittels verpackungspolitischer Maßnahmen vielleicht sogar zu verstärken.

3. Sind **erlebnisorientierte** und **ökologische** Ansprüche der Konsumenten an die Verpackung ausreichend aufeinander abgestimmt? Tendenziell kann gesagt werden, daß bei Produkten des alltäglichen Versorgungseinkaufs die Erlebnisvermittlung von untergeordneter Bedeutung ist. In diesem Bereich kann das „Ausleben der Rationalität" selbst wieder ein Erlebnis sein (vgl. dazu den Einkauf bei Aldi). Ästhetische und soziale Erlebniswünsche entwickeln sich eher bei Produkten des gehobenen Bedarfs, dem die Verpackung dann entsprechen muß.

4. Sind alle **Gestaltungsparameter** zur Erlebnisvermittlung genutzt und aufeinander abgestimmt worden? Dazu zählen:
   - **Visuelle** Gestaltungsparameter wie Bilder, Farben und Formen, die die Erlebniswirkung emotional unterstützen können.

- **Olfaktorische** Gestaltungsparameter wie Duftstoffe, die zu multisensualen Produkterlebnissen beitragen.
- **Taktile** Gestaltungsparameter wie Oberflächenbeschaffenheit der Verpackung, die vor allem bei der Selbstbedienung die Produktwahrnehmung beeinflussen.

5. Paßt das **Verpackungsdesign** zum Produktdesign, zur Kommunikation und zur PoS-Gestaltung? Das ganzheitlich wirkende Einkaufserlebnis kann sich nur entfalten, wenn die Verpackung einen zwar aktiven, aber nicht unbedingt vom Konsumenten bemerkbaren Beitrag dazu leistet.

6. Die Nebenleistungen

6.1. Die Garantieleistungen

Garantieleistungen werden zunehmend ausgedehnt und wieder stärker den Herstellern übertragen. Da jeder Garantiefall das Produkterlebnis beeinträchtigt, kommt es auf den **akquisitorischen Effekt** dieser Nebenleistung ganz besonders an.

Großzügigkeit und Schnelligkeit der Garantieleistung bedeuten, Kunden den Erlebnisverzicht möglichst zu ersparen, indem der Produktausfall sichtbar minimiert oder ein Ersatz angeboten wird.

Je ausgeprägter ein Produkterlebnis empfunden wird, desto empfindsamer wirkt ein Garantiefall. Da der Kunde kaum Zweifel an der technischen Wiederherstellbarkeit des Produktes haben wird, betrifft die Garantieleistung vor allem die empfundene Enttäuschung oder Verärgerung. Hier zahlen sich Kulanz und Großzügigkeit besonders aus und können als Ersatz-Erlebniswerte wahrgenommen werden.

Beispielsweise kann bei kleineren Schäden ein schneller Austausch statt einer langwierigen Reparatur vorgenommen werden. Bei größeren Fällen (wie bei Autos oder Fernsehgeräten) könnte die Bereitstellung von Ersatzmodellen während der Reparaturzeit zur Erlebniserhaltung wesentlich beitragen.

6.2. Der Kundendienst

Der Kundendienst ist ein hervorragendes Instrument, aus übergeordneter Sicht die Erlebnisvermittlung der Produktgestaltung zu unterstützen.

Kaufmännische Kundendienstleistungen wie Beratung, Einkaufserleichterungen und Gefälligkeiten jeder Art können direkt in den Dienst der Erlebnisvermittlung gestellt werden. Dazu ist es nötig, den Service an den übergeordneten Kaufmotiven auszurichten und dem Kunden das Gefühl zu geben, rundum und langfristig versorgt zu sein.

Auch **technische** Kundendienstleistungen wie Inspektions- und Wartungsdienste können in die Erlebnisvermittlung einbezogen werden, indem die Beratung wiederum die persönlichen Lebensumstände des Kunden zugrunde legt, wenn aufwendige Reparaturen oder Neuanschaffungen empfohlen werden. Ein auf die spezifischen Wünsche des Kunden abgestimmtes Angebot zeigt am deutlichsten, wie sehr der Kundendienst die Erlebnisvermittlung unterstützen kann.

Beispielsweise legen Dienstleistungsunternehmen wie DEA-Tankstellen und American-Express-Kreditkarten hier bereits einen Schwerpunkt ihrer Angebote und stellen das auch in ihren Marketingstrategien in den Vordergrund.

D Erlebnisvermittlung mittels Kommunikation

1. Kommunikationswissenschaftliche Grundlagen

Aus anwendungsorientierter Sicht empfiehlt sich für das Erlebnismarketing ein weitgefaßter Kommunikationsbegriff. Unter **Kommunikation** wird hier der gegenseitige Informationsaustausch verstanden, der verbal und nonverbal erfolgen kann. Dieser Begriff beinhaltet:

- die Kommunikation mittels verbaler Sprache
- die Kommunikation mittels Körpersprache
- die Kommunikation mittels materieller Gegenstände.

1.1. Kommunikationsformen

Alle drei Möglichkeiten der Kommunikation findet man bei der **Massenkommunikation** und bei der persönlichen Kommunikation. Um beide Kommunikationsformen geht es in diesem Kapitel.

Unter Massenkommunikation im engeren Sinne versteht man die Werbung, die als versuchte Verhaltensbeeinflussung mittels besonderer Kommunikationsmittel definiert werden kann (vgl. Kroeber-Riel, 1988, S. 29). Üblicherweise handelt es sich um Absatzwerbung für Konsum- und Investitionsgüter.

Aber auch im nicht-kommerziellen Bereich wird Erlebnismarketing mittels Werbung immer wichtiger. Man denke an die Werbung der Kommunen für erlebnisorientierte Einkaufszentren, der Reiseveranstalter für Erlebnisreisen, der Parteien für Konzepte der Lebensqualität oder der Bundeswehr für „eine starke Truppe" im sozialen Sinne.

Die bekannteste Form der persönlichen Kommunikation im Rahmen des Erlebnismarketing ist das **Verkaufsgespräch** (vgl. dazu das 3. Kapitel). Im Konsumgüterbereich findet es üblicherweise im Geschäft statt und unterscheidet sich von der Massenkommunikation vor allem durch seinen interaktiven Charakter.

Bei allen Kommunikationsformen dient die **nonverbale** Kommunikation der Erlebnisvermittlung in besonderer Weise. In der Werbung

sind es die Bilder, die in erster Linie die emotionale Ansprache übernehmen, beim persönlichen Verkauf werden die Worte des Verkäufers
durch Mimik, Gestik und die ihn umgebenden Objekte emotional
eingebettet.

Ob per Bild oder persönlich: Die Gesichtssprache und die Körpersprache sind vor allem geeignet, verschiedene Arten von Emotionen
auszudrücken, sie erleichtern die Interpretation des emotionalen Auftritts und unterstützen damit die beabsichtigte Erlebnisvermittlung.

1.2. Kommunikationskanäle

Folgende Kommunikationskanäle können differenziert werden (vgl.
Weinberg, 1986 a, S. 6):

- visuell: verbal und nonverbal
- auditiv: Wörter und Töne
- taktil: Hautkontakte
- olfaktorisch: Geruchssinn
- gustatorisch: Geschmackssinn
- thermal: Temperatursinn.

Visuelle Signale

Als visuelle Kommunikation wird die mit dem Auge wahrnehmbare
Informationsvermittlung bezeichnet. Es handelt sich hierbei um einen
sehr dominanten Informationskanal, da der Mensch etwa 80 % seiner
Informationen mit dem Auge aufnimmt. Diese Fähigkeit entwickelt
sich im Laufe des Lebens, so daß der Mensch lernen kann, Reize mit
dem Auge besser zu unterscheiden. Die Vorteile der visuellen Kommunikation sind vor allem darin zu sehen, daß Reize schnell, kognitiv
entlastet und häufig auch unbemerkt aufgenommen und verarbeitet
werden. Durch die formale Struktur dieser Kommunikation wird das
Individuum also mehr oder weniger bewußt beeinflußt und damit
auch emotional angesprochen.

Besonders wirksame Techniken der emotionalen Ansprache im Rahmen der visuellen Kommunikation sind:

- Einsatz der Gesichts- und Körpersprache (z. B. beim Personal Selling und in der Massenkommunikation zur Weckung von Aufmerk-

samkeit, Erhöhung der Glaubwürdigkeit, Wiedergabe eines Erlebnisauftritts),

- Einsatz von Objekten (vgl. das Kapitel 3.4.3. zur Objektkommunikation), z. B. beim Personal Selling zur Erzeugung einer positiven Grundhaltung durch ansprechende Kleidung und in der Massenkommunikation zur Unterstützung des Unternehmensimages durch den Versand von persönlichen Weihnachtsgaben.

Bei einer Beeinflussung durch emotionale Inhalte der visuellen Kommunikation wird das Individuum vor allem durch den Bedeutungswert der wahrgenommenen Stimuli beeinflußt. Es geht also um die pragmatische Interpretation der wahrgenommenen Zeichen.

Für eine erfolgreiche emotionale Ansprache ist zu beachten, daß die Emotionsinhalte aufeinander abgestimmt sind und verbal wie nonverbal gleichermaßen kommuniziert werden. Diese Abstimmung muß während der gesamten Kommunikation beibehalten werden, so z. B. in allen Phasen des Verkaufsgesprächs.

Verbale Stimuli können Dekodierungshilfen für leicht verfremdete Bildmotive sein und bedürfen dann einer sorgfältigen Abstimmung, was besonders wichtig bei der Schaffung eines einzigartigen und unverwechselbaren Erlebniswertes ist. Zu beachten sind Widersprüche zwischen verbalen und nonverbalen Signalen, die zu Rätselanzeigen führen und im ungefährlichen Falle übersehen werden, im schlimmsten Fall jedoch unglaubwürdig wirken und Reaktanz heraufbeschwören.

Auditive Signale

Als auditive Kommunikation wird die mit dem Gehörsinn wahrnehmbare bezeichnet. Diese Kommunikationsform ist auf die persönliche und auf die Massenkommunikation in Tele- und Funkmedien beschränkt. Man weiß, daß vokale Reize eines höheren kognitiven Aufwandes im Gedächtnis bedürfen und meist durch nichtsprachliche Signale begleitet werden.

Für den erfolgreichen Einsatz auditiver Signale ist vor allem zu beachten (zur Wirkung von Musik vgl. das Kapitel E 4.):

- den Assoziationsgehalt von Wörtern und Tönen prüfen, um Konsumenten emotional anzusprechen,
- motivationale Ansprache der Konsumenten, indem eine auf die individuellen Bedürfnisse der Konsumenten zugeschnittene Kommu-

nikation gewählt wird (z. B. in den einzelnen Phasen des Verkaufsgespräches),

- abstrakte Wörter sparsam einsetzen und verständlich bleiben,
- Informationsüberlastung der Konsumenten vermeiden,
- Pausen gezielt zur Regelung des Sprachflusses und zur Steigerung der Spannung einsetzen,
- Kompetenz durch Variation der Sprechgeschwindigkeit und Tonhöhe unterstreichen,
- verbale und nonverbale Stimuli zeitlich und emotional aufeinander abstimmen (z. B. zur Unterstreichung der Inhaltsbedeutung, der persönlichen Kompetenz usw.),
- wenn visuelle und akustische Signale gleichen Inhalts möglich sind, empfiehlt sich eine „bimediale Ansprache" der Konsumenten (z. B. in der Fernsehwerbung oder bei Verkaufsgesprächen),
- bei Verkaufsgesprächen ist eine enge Verbindung des verbalen Ausdrucks mit der Körpersprache sowie mit der Objektkommunikation empfehlenswert.

Taktile Signale

Die Hautoberfläche verfügt über eine enorme Zahl von sensorischen Wahrnehmungsorganen, die Empfänger von verschiedenen Reizen (wie Hitze, Kälte, Berührung, Schmerz) sind. Man nimmt an, daß auf 100 Quadratmillimeter etwa 50 solcher Wahrnehmungsorgane kommen. Taktile Signale können nur begrenzt zur Erlebnisvermittlung eingesetzt werden, so z. B. im persönlichen Gespräch oder im Rahmen der Produktpolitik bei der Produktpräsentation. Besonders zu erwähnen ist, daß taktile Sinnesorgane auch unmittelbar durch Produkteigenschaften selbst angesprochen werden können (z. B. durch das Gewebe bei Textilien: weiche, softige Wolle, glatte, kühle Seide, zarter Batist).

Taktile Erlebnisse müssen nicht immer „hautnah" ausgelöst werden, sondern können auch durch die Sprache assoziiert werden. Der Hörer empfindet dann automatisch ein positives oder negatives taktiles Erlebnis, z. B. bei:

- Menschen gehen „gegen den Strich",
- Leute „vor den Kopf stoßen",
- Menschen „richtig anfassen",
- Menschen haben eine „glückliche oder unglückliche Hand",
- Manche müssen „vorsichtig angefaßt" werden.

Für den erfolgreichen Einsatz taktiler Signale ist vor allem zu beachten:

• Assoziative Ansprache der Konsumenten, indem über Produktnamen, Farben, Musik, Duft usw. gezielte Hautwirkungen erzeugt werden. Der Konsument „spürt" quasi das Produkt.
• Emotionale Ansprache der Konsumenten, indem z. B. Produktverpackungen gezielte Emotionen bei der Produktberührung auslösen (z. B. es fühlt sich warm an).
• Im Verkaufsgespräch können leichte Handberührungen die Vertrautheit der Gesprächssituation unterstreichen.
• Motivationale Ansprache der Konsumenten, indem die Gruppenzugehörigkeit durch Berührungen signalisiert wird.
• Übermittlung von Persönlichkeitseigenschaften, z. B. kann die Stärke des Händedrucks die interpersonale Wahrnehmung beeinflussen.

Olfaktorische Signale

Olfaktorische Reize sind solche, die den Geruchssinn des Menschen ansprechen. Sie werden durch ein in der Nase befindliches Riechfeld aufgenommen und von dort zu dem limbischen System weitergeleitet. Olfaktorische Signale werden vielfältig eingesetzt, um Produkte zu markieren, Verkaufräumen eine besondere Atmosphäre zu geben oder die Persönlichkeit des Verkaufspersonals zu unterstreichen. Besonders aktuelle Duftbeispiele sind:

• *Spielzeug, z. B. riechen Spielzeugautos nach Benzin,*
• *Schuhe mit Natur- und Obstdüften,*
• *Schallplatten mit Duftuntermalungen der Musik (z. B. Wasserduft der Moldau),*
• *Apportierknochen für Hunde verströmen Fleischgeruch,*
• *odoriertes Plastik wie „frische" Spülbecken,*
• *Produktverpackungen, die nach dem Inhalt riechen,*
• *Farbanstriche und Geruchsnoten nach Verwendungszweck (z. B. Zaunfarbe und Holzgeruch),*
• *Duftpatronen für Klimaanlagen,*
• *Displaymaterial mit Originalgeruch.*

Für den erfolgreichen Einsatz olfaktorischer Signale in der Massenkommunikation ist vor allem zu beachten:

• Duftstoffe werden oft als Hintergrundphänomen erlebt und nicht bewußt wahrgenommen.

- Duftstoffe lösen in starkem Maße ein biologisch vorprogrammiertes Verhalten aus (Beispiel: Moschusduft hat eine erotische Wirkung).
- Duftstoffe können emotional stimulieren (Beispiel: ein emotionales Frischeerlebnis kann durch Zitrusduft erreicht werden).

Zur assoziativen Ansprache der Konsumenten kann die Werbung den Duft eines Produkts verbal besonders herausstellen, z. B. durch adjektivische Duftbeschreibungen wie: gut, sanft, leicht, zurückhaltend, zitronig, lecker, appetitlich. Solche Beschreibungen vermitteln einen Dufteindruck, der zugleich bestimmte Gefühlswirkungen auslöst. Die emotionale Ansprache der Konsumenten kann durch bestimmte Duftreize besonders aktiviert werden, man denke an die erwähnte erotische Note von Moschusduft.

Zur motivationalen Ansprache der Konsumenten kann auf Duftwirkungen direkt hingewiesen werden, z. B. Meidung von Personen aufgrund von Mundgeruch im Rahmen der Zahnpasta- und Kaugummiwerbung. Sodann können über den Duft auch Persönlichkeitseigenschaften betont werden.

Beispiele sind: Der tabakrauchende starke Mann (Abb. 5), die Chanel benutzende „Unternehmersgattin", die nach Jil Sander duftende dynamische, ehrgeizige Frau.

Bei der Anwendung von Duftstoffen ist zu beachten, daß von den ca. 500.000 bekannten Duftnoten nur etwa 20 % als angenehm empfunden werden. Die Beurteilung von Düften wird außer von individuellen Einflüssen wie Alter, Geschlecht, persönlichen Erfahrungswerten mit Düften auch von kulturellen Rahmenbedingungen beeinflußt. Jede Gesellschaft hat „ihren" Duft.

Gustatorische Signale

Gustatorische Reize sprechen den Geschmackssinn an. Dieser Kommunikationskanal kommt vor allem im Rahmen der Produktpolitik und beim persönlichen Verkauf vor. Dabei handelt es sich dann um Produkte, die neben einem Geruch auch einen Geschmack aufweisen (z. B. Haarspangen). Auch die überwiegende Anzahl kleiner Gastgeschenke in der Geschäftswelt zielt auf den Geschmackssinn des Empfängers ab (z. B. beim Verschenken von erlesenen Weinen).

Für den erfolgreichen Einsatz gustatorischer Signale kommt es darauf an, den Geschmackssinn seiner Partner gut zu kennen, um die weni-

Abb. 5

gen Möglichkeiten im Rahmen der persönlichen Kommunikation optimal zu nutzen.

Beispiele sind:

* *Unterstützung des Erlebniseinkaufs: z. B. das Glas Champagner während der Anprobe bzw. Produktauswahl in der kleinen exquisiten Boutique,*

- *emotionale Unterstützung der Verkaufsinteraktion, z. B. beim Geschäftsessen, um eine gute Atmosphäre herzustellen und die Kompetenz bzw. „Eßkultur" des Empfängers hervorzuheben,*
- *Ansprache von Prestige-Motiven des Kunden, die sich über die „Gourmet-Küche" eindrucksvoll inszenieren lassen.*

Thermale Signale

Die thermalen Signale sprechen den Temperatursinn des Menschen an und werden von sensorischen Wahrnehmungsorganen, die in der Haut eingebettet sind, aufgenommen. Der thermale Kommunikationskanal kann vor allem in der **persönlichen** Kommunikation und bei der **Einkaufsstättengestaltung** berücksichtigt werden.

Beispiele sind:
- *Der Konsument erwartet am Obst- und Gemüsestand „frische" Temperaturen.*
- *Warenhäuser sind häufig überheizt und beeinträchtigen das Einkaufserlebnis.*
- *Die Temperatur der Hände beeinflußt die Beurteilung des Gesprächspartners.*
- *Kühle Konferenzräume assoziieren anspruchsvolle, konzentrierte Verhandlungen.*

Die **Ruhezonen** in Geschäften sollten nicht nur mit frischer Luft versorgt werden, sondern auch angenehme Raumtemperaturen aufweisen. Nicht nur für die Verweildauer sind die Temperaturen entscheidend, sondern auch für atmosphärische Eindrücke. Gustatorische und thermale Stimuli müssen aufeinander abgestimmt sein. Restaurants mit hoher Qualität und gutem Service werden bei schlechter Temperierung, sei es zu kalt oder zu warm, nicht die gemütliche, zufriedene Stimmung beim Gast erzielen, wobei die Ursache dem Besucher oftmals gar nicht bewußt wird.

1.3. Relevanz für die Erlebnisvermittlung

Der sensualistisch verwöhnte Konsument verlangt eine multimodale Informationsdarbietung, das heißt, gleichzeitige Ansprache mehrerer Sinne. Für eine erfolgreiche Umsetzung dieser Forderung müssen bereits in einer frühen Konzeptionsphase (nach Möglichkeit bereits bei der Produktentwicklung) die Einsatzmöglichkeiten aller Kommunikationskanäle geprüft werden. Der originelle Einsatz innovativer Kanäle leistet einen wesentlichen Beitrag zur Erlebnisvermittlung und erschwert die Austauschbarkeit der Botschaft.

Die Kommunikationspolitik ist das zentrale Instrument des Erlebnismarketing. Produkte, Dienstleistungen und Einkaufsstätten müssen in der Gefühls- und Erfahrungswelt der Konsumenten so positioniert werden, daß ihr Erlebniswert psychisch unverwechselbar verfestigt wird. Das leistet im wesentlichen die erlebnisorientierte Kommunikation, sei es mittels Werbung oder beim Verkaufsgespräch.

Da Erlebnisstrategien den Konsumenten emotional ansprechen und ihn ohne kognitive Anstrengung erreichen sollen, kommt der **visuellen** Kommunikation eine dominante Bedeutung zu. Darin übernehmen Bilder die Aufgaben der Erinnerungs- und Verhaltenswirkung (vgl. Kroeber-Riel, 1988, S.188). Die nonverbale Kommunikationsforschung zeigt, wie Bilder emotional wirken und strategisch eingesetzt werden können (vgl. Weinberg, 1986a, S.163f.).

Für die übrigen Kommunikationskanäle lassen sich keine grundsätzlichen Prioritäten angeben. Alle sind in der Lage, Gefühle anzusprechen und Erlebniswirkungen auszulösen. Ihr Einsatz muß fallweise geprüft werden. Für die Erlebnisvermittlung sollte versucht werden, über möglichst viele Kanäle gleichzeitig zu kommunizieren, da

- nichtsprachliche Reize insbesondere die rechte Gehirnhälfte und damit die Gefühle ansprechen,
- die Konsumenten eine multisensuale Ansprache und eine „integrierte Kommunikation" über alle Kanäle suchen und
- die originelle Art der Kommunikation eine Abhebung von der Konkurrenz ermöglicht und somit einen Beitrag zur Profilierung der eigenen Erlebnisstrategie leistet.

2. Erlebnisorientierte Massenkommunikation

2.1. Bedingungen der Erlebnisvermittlung

Im folgenden werden die Bedingungen der Erlebnisvermittlung mittels Massenkommunikation (insbesondere Print- und TV-Werbung) nochmals zusammengefaßt:

Informationsüberlastung

Im EDV-Zeitalter widmen sich Wissenschaft und Forschung insbesondere der Gewinnung und Verarbeitung von Informationen. Zielorientierungen sind die Implementierung von Datenbanken und Expertensystemen, um bestmögliche kognitive Entscheidungsgrundlagen zu liefern.

Dabei bleibt meist unberücksichtigt, daß Menschen über eine begrenzte Problemlösungskapazität verfügen, die dazu führt, Entscheidungen möglichst zu vereinfachen (vgl. Weinberg, 1981, S. 83 f.). Das bedeutet: Verwendung weniger, wichtiger, entscheidungsrelevanter Informationen (information cues), Begrenzung der Entscheidungsalternativen (auf den evoked set) und Bevorzugung des vorhandenen Wissens (interne Informationssuche).

Der Konsument wählt also aus dem Informationsangebot seiner Umwelt nur wenige Informationen aus, um Kaufentscheidungen zu fällen. Nach empirischen Untersuchungen schwankt diese Art der Informationsüberlastung je nach Medium (Rundfunk, Fernsehen, Printmedien) zwischen 99 % und 92 % (vgl. Kroeber-Riel, 1988, S. 14). Diese Informationsüberlastung weist eine steigende Tendenz auf, da neue Medien und zusätzliche Anbieter für mehr und detailliertere Informationen auf dem Markt sorgen.

Will man als Anbieter in dieser Informationsflut überleben, so muß man nach Informationswegen suchen, die vom Konsumenten bevorzugt werden. Dazu zählt die

Bildkommunikation

Die Gründe seien wiederholt: Bilder werden schneller aufgenommen, ohne besondere gedankliche Anstrengung verarbeitet und transportieren Emotionen besser als Texte. Für die Erlebnisvermittlung ist der

Abb. 6

zuletzt genannte Aspekt von besonderer Bedeutung. „Bilder haben einen größeren Erlebnis- und Unterhaltungswert als sprachliche Informationen, sie werden bevorzugt wahrgenommen, aktivieren stärker und werden besser erinnert" (Kroeber-Riel, 1988, S. 17).

Beispiel: Lufthansa – Anzeige für günstige Flugtickets (siehe Abb. 6)

Das Vordringen der Bildkommunikation läßt sich nicht nur in der kommerziellen Werbung beobachten. Man vergleiche beispielsweise die Zunahme der Bildsprache in den Nachrichtensendungen privater Fernsehanstalten oder in wissenschaftlichen Textbüchern, wobei allerdings Unterschiede zwischen deutsch- und englischsprachiger Literatur zu beobachten sind.

Marktsättigung

Immer mehr Märkte erreichen das Stadium der Sättigung, das heißt, einen zunehmenden Substitutions- und damit Verdrängungswettbewerb. Auf gesättigten Märkten sind die Produkte der konkurrierenden Anbieter in der Regel technisch **ausgereift** und funktional miteinander **vergleichbar**. Wer diesen Bedingungen nicht genügt, scheidet aus dem Wettbewerb ohnehin aus.

Da auf gesättigten Märkten funktional austauschbare Produkte bzw. Dienstleistungen vorliegen, versagt die informative Werbung. Jeder verspricht letztlich das gleiche, wenn auch mit unterschiedlichen Gewichtungen und Formen der werblichen Ansprache.

Erlebnisstrategien lösen sich von der selbstverständlichen funktionalen Produktqualität und versuchen auch nicht, künstlich zwischen Grund- und Zusatznutzen zu differenzieren. Die Marktdifferenzierung im Sinne der Erlebnisstrategie erfolgt dadurch, daß Produkte und Dienstleistungen in der emotionalen Lebensqualität der Konsumenten verankert werden. Die Aufgabe der Kommunikation lautet also nicht:

Was leistet mein Angebot?

sondern:

Wofür dient mein Angebot?

Beispiel: Jeep-Anzeige (siehe Abb. 7)

Involvement

Konsumenten kennen sich auf gesättigten Märkten aus. Sie verfügen über Produkterfahrungen und betrachten den qualitativen Standard als eine **Selbstverständlichkeit**. Zukünftige Kaufentscheidungen erfordern folglich ein geringes Engagement.

Unter Involvement versteht man meist die innere Anteilnahme, mit dem man sich einer Aufgabe oder Entscheidung widmet. Involvement setzt also eine innere Aktivierung voraus und meint die damit verbundene gedankliche Auseinandersetzung mit der Problemstellung.

Abb. 7

Die Bestimmungsgrößen des Involvements können personen-, objekt- und situationsspezifisch differenziert werden (vgl. Bekmeier, 1989, S. 73 f.). Während personenspezifisch die individuellen Prädispositionen untersucht werden, geht es objektspezifisch um das Produktinvolvement. Obgleich man kein generelles „High-Involvement-

Produkt" bzw. „Low-Involvement-Produkt" empirisch ausmachen kann, kann man davon ausgehen, daß Produkte oder Dienstleistungen, die dauerhaft den Bedingungen gesättigter Märkte genügen, ohne gedankliches Engagement gekauft bzw. in Anspruch genommen werden.

Situationsspezifisch kann das Involvement schwanken. Während das Involvement in der Kaufsituation infolge der besonderen Reizdarbietung und persönlichen Ansprache mehr oder weniger hoch sein kann, bezeichnet man das Fernsehen, den Rundfunk und die Printmedien als typische gering involvierende Werbemedien. Der Verbraucher konsumiert dort die Werbung sozusagen nebenbei, wenn man von besonderen Fällen der gezielten Suche nach Anzeigen oder TV-Spots mal absieht.

Daraus folgt, daß der Umworbene sich von der Werbung „berieseln" läßt, unkritisch nur wenige Informationen aufnimmt und sich vor allem emotional sowie bildhaft ansprechen läßt. Es erfolgt also ein „Low-Involvement-Lernen" nach dem Motto:

„Gefallen geht vor Informieren".

Der für die Erlebnisvermittlung maßgebliche Wirkungspfad der Low-Involvement-Werbung läßt sich in Anlehnung an Bekmeier (1989, S. 79) folgendermaßen skizzieren:

Werbung gefällt
↓
Botschaft wird teils beachtet
↓
Produkt bzw. Dienstleistung hinterläßt sympathischen Eindruck
↓
Handlungssituation wird positiv beeinflußt

2.2. Briefing der emotionalen Positionierung

Aufgabe der erlebnisorientierten Kommunikation ist die emotionale Positionierung des Produkts bzw. der Dienstleistung. Im Rahmen der Werbung kann man folgendermaßen vorgehen:

Konzeption einer Erlebnislinie

Die Wahl einer Erlebnislinie ist eine kreative, unternehmerische Entscheidung. Sie kann weder logisch abgeleitet noch der Agentur überlassen werden.

Ansatzpunkte für die Erlebnispositionierung bieten:

- die Determinanten der Lebensqualität, in die das Produkt eingebettet werden soll. Hierbei darf man nicht der Gefahr erliegen, zu funktional vorzugehen. Gefragt sind **Visionen,** die mit dem Produkt emotional konditioniert werden können.

  Beispiel: Der Sanitärhersteller Bette wirbt für Badewannen mit Erlebnisdarstellungen wie Hochzeit, Party, Querflötenspieler (siehe Abb. 8) usw. Diese Motive sind originell und ungewöhnlich, können jedoch jederzeit in einen unmittelbaren Zusammenhang zum Thema Baden gebracht werden.

- die aktuellen und zukünftigen Wertetrends, denen die Zielgruppe folgt bzw. folgen soll. Hierbei sind zwei Probleme zu beachten: Zum einen die Abgrenzung zur Konkurrenz, die gleichen Wertetrends folgt. Zum anderen die Möglichkeit, Trendentwicklungen zu beeinflussen oder sogar zu prägen. Die Lösung dieses eher praktischen Problems hängt wesentlich vom Willen und den finanziellen Möglichkeiten des Anbieters ab, eine langfristige Positionierungsstrategie zu verfolgen.

  Beispiel: Der Opel-Werbung ist es mit dem Spot „ What a wonderful world" gelungen, aktuelle Umwelttrends aufzugreifen und zur individuellen Positionierung zu nutzen (siehe Abb. 9 und 10).

- die Unternehmensphilosophie, die bereits ihren Niederschlag in der „Corporate Communikation" gefunden hat. Emotionale Positionierungsstrategien begründen stabile Produkt- bzw. Dienstleistungsprofile, deren kurzfristige Modifikation sich sehr nachteilig auf die Wahrnehmungsprägnanz der Konsumenten auswirken kann.

Generierung von Erlebniswerten

Im nächsten Schritt der emotionalen Positionierung geht es darum, die Erlebnislinie in einzelne Erlebniswerte – sei es verbal oder nonverbal – umzusetzen. Hier sollte auf externe Anregungen und kreative Hilfen professioneller Werber zurückgegriffen werden.

Bei der Prüfung der Vorschläge besteht eine der schwerwiegendsten Gefahren, das Erlebniskonzept zu verwischen oder sogar zu verlie-

Abb. 8

ren: Man darf den eigenen Geschmack nicht mit der Verhaltenswirksamkeit einzelner Erlebniswerte verwechseln! Letztlich geht es um langfristige Investitionsentscheidungen, die nur nach sozialtechnischen Regeln beurteilt werden dürfen. Das bedeutet folgende Prüfschritte:

Abb. 9

1. Werden die gebrieften Emotionen überhaupt inszeniert? Zur Beant-
   wortung können Experten – in Zukunft vielleicht Expertensysteme
   – herangezogen werden, es existieren Kategorienschemata zur Umsetzung von Emotionen, und im Falle verbleibender Zweifel entscheidet letztlich ein Pretest, ob man emotional „richtig liegt".

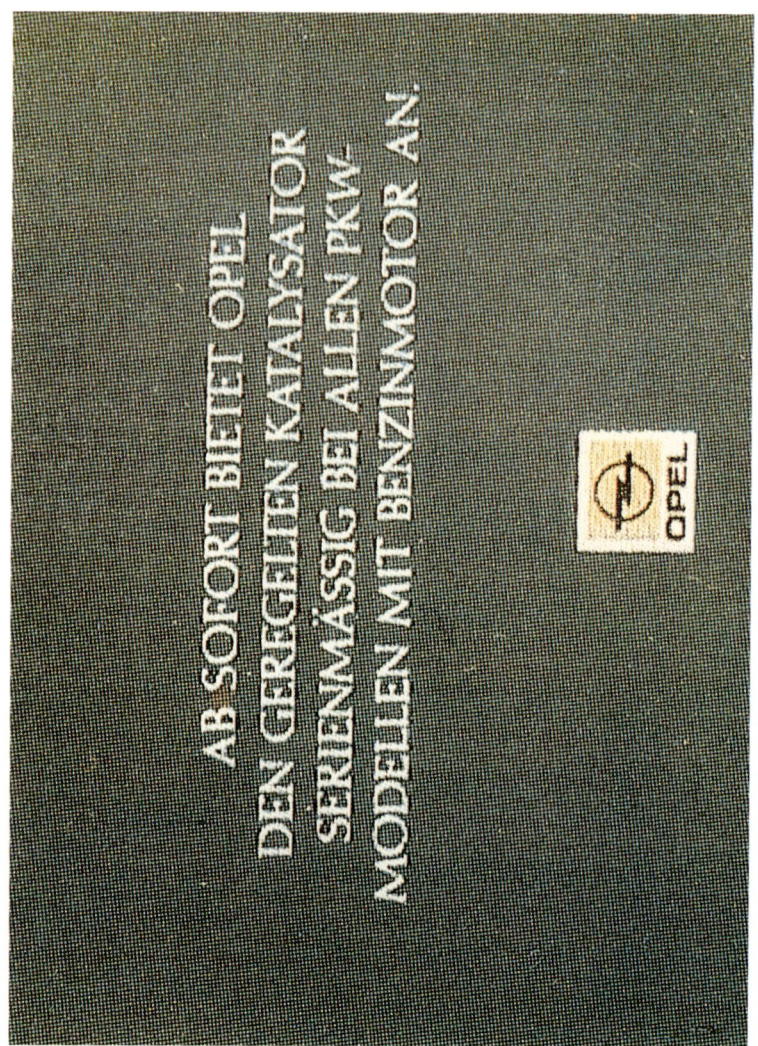

Abb. 10

2. Welche Erlebniswerte passen am besten zur Erlebnislinie? Ein besonders wichtiges Prüfkriterium ist der Beitrag zur Positionierung
durch Aktualität. Dabei geht es im Rahmen der Erlebnisstrategie
um die aktive Bekanntheit einer Marke, Firma oder Dienstleistung.
Die Aktualität als strategisches Ziel ist besonders dann wichtig,
wenn ein Low-Involvement-Markt vorliegt und die Medienwer-

Abb. 11

bung im Rahmen des Kommunikationsmix die Aufgabe hat, für
Aktualität zu sorgen (vgl. Kroeber-Riel, 1988, S. 86). Es wird dann
besonders darauf ankommen, eine auffällige und einprägsame Inszenierung auszuwählen.

Beispiel: Aktualisierungsanzeigen der Firma Fulda (siehe Abb. 11)

3. Findet eine ausreichende Abgrenzung zur Konkurrenz statt? Einzelne Worte, Texte, Bilder, Motive usw. tauchen in vielen Kampagnen bekanntlich wiederholt auf. Hier verfällt man wieder leicht in den Fehler, eigene Geschmacksurteile abzugeben. Wichtiger ist die Prüfung, ob der gesamte werbliche Auftritt – also die Stimuluskonfiguration in der Anzeige oder im Spot – für eine ausreichende Unverwechselbarkeit sorgt. Prüfkriterien sind die schnelle und eineindeutige Wahrnehmbarkeit, das Verstehen und die Einprägsamkeit der Werbebotschaft.

Beispiel: Zu Beginn der 80er Jahre versuchte die Firma Reemtsma, die Zigarettenmarke „West" analog der Marlboro-Werbung mit Erlebniswerten wie Freiheit und Abenteuer zu positionieren. Dieses Konzept verhalf der „West" jedoch nicht zu einem eigenständigen Markenbild, sondern stützte insbesondere die Konkurrenzmarke Marlboro. Die nach diesem Flop folgende „Test the West"-Kampagne zeichnet sich durch ihren innovativen und unverwechselbaren Charakter aus. Skurile, jedoch trendorientierte Personendarstellungen vermitteln aktuelle Werte und sympathische Visionen und ermöglichen so einen prägnanten Markenauftritt (siehe Abb. 12 und 13).

Wahl eines Erlebnisprofiles

In der Regel werden viele Erlebniswerte die genannten Prüfkriterien erfüllen und zur konzipierten Erlebnislinie passen. Häufig steht man vor der Entscheidung zwischen mehreren attraktiven Alternativen. Die Gefahr besteht dann , „alles" machen zu wollen, was zu einem diffusen Erlebnisprofil führt.

Empfehlenswerter (und häufig gegen den Willen der Werber) ist die Devise: einfach, sparsam, eingängig und wiederholend nach dem Motto: Weniger ist mehr! Im Prinzip geht es darum, auf die Durchgängigkeit des werblichen Auftritts in allen Medien und bei allen Kampagnen zu achten. Die Erfahrung lehrt, daß dieser Vorsatz zwar oft beteuert, jedoch ebenso oft unterlaufen wird. Die Gründe mögen in der zu starken künstlerischen Akzentuierung mancher Erlebniskampagnen zu suchen sein, die dann zwar originell und ästhetisch sein können, jedoch das Erlebnisprofil verwischen.

Beispiel: Der Weinmarke „Mateus Rosé" ist es bis heute noch nicht gelungen, ihre Position auf dem Markt zu finden bzw. zu dokumentieren. Dies ist sicherlich auch auf die häufig wechselnden Werbeauf-

Abb. 12

tritte (siehe Abb. 14–16) der letzten Jahre zurückzuführen (vgl. Kroeber-Riel, 1988, S. 195 f.).

Emotionale Konditionierung

Eine emotionale Positionierung im Sinne einer Erlebnisstrategie ist nur mit Konditionierungstechniken möglich. Dabei wird bekanntlich das Werbeobjekt wiederholt mit den Emotionen verknüpft, die die

Abb. 13

Erlebniswerte beinhalten. Die wichtigsten Bedingungen für eine wirksame emotionale Konditionierung sind:

• gleichzeitige Darbietung von Reiz und Objekt,
• zahlreiche Wiederholungen,
• Konsistenz des werblichen Auftritts.

Abb. 14

Abb. 15

Abb. 16

Diese Forderungen werden am einfachsten erfüllt, wenn ein und dasselbe Medium angesprochen wird, z. B. Anzeigenserien oder Spotfolgen. Die Wirksamkeit der emotionalen Konditionierung kann aber auch über den Medien-Mix erfolgen, der diese Bedingungen erfüllt, also z. B. die zeitliche Abstufung von Anzeigen, Mailing und Videospots, die gemeinsam die beabsichtigte Konditionierung bewirken.

Abb. 17

Beispiel: *Die Erlebniskampagne „Wir machen den Weg frei" der Volks- und Raiffeisenbanken wird sowohl über Druckmedien (Zeitungen, Zeitschriften, Plakate, Prospekte) als auch über Filmmedien (Kino, Fernsehen) geschaltet (siehe Abb. 17).*

Die Sicherung des Konditionierungserfolges über den Medien-Mix unterläuft auch die Gefahr, einen „wear-out-effect" zu befürchten.

Abb. 18

Zwar wird der Abnutzungseffekt eines langfristig gleichbleibenden werblichen Auftritts selten belegt, aber dennoch den „Befürchtungen" (vor allem der Werber) häufig geglaubt.

Beispiele: Die Henkel-Werke propagieren seit Jahrzehnten immer wieder „das neue Persil", vgl. das Beispiel von 1956 (Abb. 18). Oder:

Lux-Seife wurde 1925 in Nordamerika eingeführt. Bereits 1929 wurde Lux die „Schönheitsseife der Filmstars" – auch heute nach sechs Jahrzehnten lebt Lux immer noch in der Welt der Stars und spricht über die Starsymbolik ihre Zielgruppe an. Trotz vieler Wettbewerbsoffensiven ist diese Marke dem Star-Konzept treu geblieben.

2.3. Verbale Erlebnisvermittlung

Verbale Elemente der Massenkommunikation sind vor allem gesprochene und geschriebene Darbietungen. Für die Erlebnisvermittlung kommt ihnen – außer beim Rundfunkspot – in der Regel eine ergänzende Funktion zu. Sie helfen dann, Bilder zu interpretieren oder einzuprägen.

Eine besondere Rolle kommt dem **Slogan** zu. Er hilft, Aufmerksamkeit zu erzeugen, das Verständnis zu erleichtern und die Erinnerung zu festigen. In vielen Fällen versucht man, im Slogan eine **Schlüsselinformation** zu verankern, um damit auch die beschränkten kognitiven Fähigkeiten des Individuums zu berücksichtigen. Gibt man derartigen Schlüsselinformationen ein abgestuftes Aktivierungspotential, so werden die wichtigsten Informationen zuerst aufgenommen und verarbeitet.

Verbale und nonverbale Kommunikationselemente werden meist gemeinsam zur Erlebnisvermittlung eingesetzt. Diese Verbindung ist im Jingle besonders eng, wenn Slogan, Werbestory und Produktinformation melodisch in Form von gesungenen Texten präsentiert werden. Hier muß das Entsprechungsverhältnis zwischen verbaler und nonverbaler Erlebnisvermittlung besonders beachtet werden.

Bei Anzeigen und Spots übernehmen Texte vor allem die Aufgabe der Vermittlung von Schlüsselinformationen. Zusätzlich können Erlebniswerte beschrieben, verdeutlicht und interpretiert werden. Dabei kommt es darauf an, die „Psychologie der Grammatik" zu beachten (vgl. Kroeber-Riel und Mayer-Hentschel, 1982):

• Nutzung der Neigung vieler Menschen, von Worten auf Sachverhalte zu schließen (z. B. durch Substantivtechnik)

   Beispiele: Kreierte Substantive wie „Haut-Balance", „Waschpflege", „Intensivpflege" oder „Schnellpflege" vermitteln eine knappe, präzise und überzeugende Beschreibung der Produktvorteile.

- Lenkung der gedanklichen Vorstellung über verfestigte Sprachgewohnheiten (z. B. Reizwörter mit Assoziationskraft)

  Beispiel: Softlan vermittelt bereits im Wort die Weichheit und Pflege.

- Benutzung informativer und emotional wirkender Sprachelemente zur automatischen Auslösung sachbezogener und gefühlsmäßiger Vorstellungen

  Beispiele: Namen wie „Schauma", „Corny" oder „Brekkies" (siehe Abb. 19) assoziieren Sanftheit, Knusprigkeit oder Knackigkeit.

- Sprachlich verkleidete Wertungen können wie Sachaussagen aufgefaßt werden.

  Beispiele für typische emotionale Wertungen sind Worte wie Freundschaft, Vertrauen, Liebe, Glück, Angst, Sicherheit usw.

- Je bildhafter Worte sind, umso besser werden sie erinnert.

  Beispiele sind Slogans wie „ Wir machen den Weg frei" (Volks- und Raiffeisenbanken, siehe Abb. 17), „Schnell wie der Blitz" (Loctite-Kleber), „der korngesunde Landkaffee" (Caro).

Auch die **Argumentation** kann so aufgebaut werden, daß ihre emotionale Wirkung nur schwer durchschaubar ist. Damit soll der Widerstand gegen die Beeinflussung unterlaufen werden. Das ist durch Strategien der Emotionalisierung und Ablenkung möglich, aber auch durch die **zweiseitige** Kommunikation, die stabilisierend und immunisierend wirkt.

- Es wird ein Gefühl der Meinungs- und Verhaltensfreiheit vermittelt (Vermeidung von Reaktanz).
- Die Glaubwürdigkeit der Information wird erhöht.
- Zweiseitige Argumentation beeinflußt besonders Vertreter gegensätzlicher Meinungen.
- Es erfolgt eine „Impfung" gegen Meinungen der Konkurrenz.
- Das Steuerungspotential dieser Beeinflussungstechnik wird kaum durchschaut und wirkt deshalb quasi automatisch.

  Beispielsweise kann ein größerer Werbeerfolg erzielt werden, wenn auch die Schwächen des Angebotes angesprochen werden. Dem Konsumenten wird geholfen, wenn er sich sagen kann: „Ich weiß zwar, daß . . ., aber trotzdem . . .". In diesem Sinne sind Slogans zu verstehen wie „ We are only number two – that's why we try harder. "

Schlawiner Felix bei seiner Geheimaktion, die wohl nicht geheim bleiben wird.

Seit Brekkies im Hause sind, ist Kater Felix ständig hinter Brekkies her. Und deshalb wiederholt sich immer wieder die gleiche Geschichte.
Frauchen versteckt nach dem Fressen die Packung und Felix mausert sich heimlich zum Schlawiner. Lautlos durchstreift er das ganze Haus, bis er Brekkies erwischt hat. Denn in seinen

Brekkies ist *viel frisches Fleisch* drin. Mmmh, tierisch gut! Für dieses Vergnügen ist Felix zu jeder Schlawinerei bereit. Auch wenn sie sich nicht ganz verheimlichen läßt.

Brekkies. Denn Katzen wissen, was sie wollen.

Abb. 19

Zur Erlebnisvermittlung kann die emotionale Schubkraft der Texte oder Worte in zweifacher Hinsicht genutzt werden:

- Man versucht, den Erlebniswert verbal wiederzugeben. In der Regel sagen die Bilder allerdings mehr als viele Worte, manchmal kann eine verbale Erlebnisbeschreibung sogar die bildliche Erlebniswirkung beeinträchtigen, z.B. die verbale Beschreibung einer erotischen Bildwirkung.

  Gelingt es aber, Erlebniswerte verbal und nonverbal zu kommunizieren, so gewinnt man den Vorteil, Erlebniswerte unmittelbar in die **persönliche** Kommunikation übertragen zu können. Dort geht es ja darum, über Erlebnisse zu **sprechen**. Hierzu kommt die mediale Flexibilität auch im Rahmen der Massenkommunikation.

- Gelingt es nicht, Erlebniswerte verbal zu übersetzen und mittels Text oder Wort zu verdeutlichen, so verbleibt die Möglichkeit, die emotionale Erlebnis**wirkung** zu beschreiben. Dazu muß man wiederum die Emotionen genau kennen, die der Erlebnisstrategie zugrunde liegen und die in den Bildern umgesetzt werden. Ihre verbale Beschreibung hilft nicht nur im Rahmen der Massenkommunikation zur Verbreitung der medialen Ansprache, sondern nutzt wiederum auch dem Verkaufsgespräch, um den Kunden auf die Erlebnisstrategie emotional einzustimmen.

2.4. Nonverbale Erlebnisvermittlung

2.4.1. Wirkung von Bildern

Nach den Ergebnissen der Imagery- und Gehirnforschung verfügen Menschen über ein Sprachgehirn und ein Bildgehirn. Bei den meisten (rechtshändigen) Menschen dient die linke Gehirnhälfte hauptsächlich dem abstraktsprachlichen Denken, die rechte Gehirnhälfte dem konkret-bildlichen Denken. Die Kommunikationsforschung geht von folgenden Erkenntnissen aus:

- Bilder werden besser behalten und erinnert als Wörter.
- Bilder eignen sich besser als Wörter, um Emotionen zu vermitteln und Einstellungen zu beeinflussen.
- Ob ein Bild wahrgenommen wird, hängt vor allem von seinem Aktivierungspotential ab.

- Bilder werden wegen ihres Aktivierungspotentials fast immer zuerst beachtet, dann erst Texte.
- Versagt das Bild einer Anzeige, so hat der Text nur noch wenig Chancen, beachtet und verarbeitet zu werden.
- Bilder beeinflussen die Akzeptanz einer Botschaft positiv, das heißt, sie unterstützen die Verarbeitung einer Werbebotschaft.
- Bildmotive, die mit der verbalen Information wenig zu tun haben, können die Textwirkung verbessern.
- Bilder unterlaufen die gedankliche Kontrolle, das heißt, sie werden weitgehend automatisch und wenig bewußt verarbeitet.
- Mit Bildern kann man Informationen vermitteln, die bei sprachlicher Darbietung unglaubwürdig wirken.
- Botschaften in Form von Bildern unterlaufen die gedankliche Kontrolle und lösen weniger Abwehr aus.

Allein diese Vorteile von Bildern gegenüber Texten (als Schrift oder Sprache) legen eine nonverbale Erlebnisvermittlung nahe. Die bildliche Informationsaufnahme und -verarbeitung kommt den Bedingungen der Erlebnisvermittlung besonders entgegen:

- Informationsüberlastung der Konsumenten
- Marktsättigung
- Low-Involvement der Umworbenen.

Die Wirkungen von Bildern können folgendermaßen zusammengefaßt und gegliedert werden (vgl. Kroeber-Riel, 1988, S. 104 f.):

Aktivierungswirkung

Bilder werden – siehe oben – fast immer zuerst beachtet. Sie sind also geeignet, erste Kontakte herzustellen. Das gelingt besonders, wenn Bilder aktivieren.

> *Beispiele für Aktivierungswirkungen sind Erotik, Kinder, Landschaften, Überraschungen und Widersprüche. Die Anzeige von „Grand Marnier" (Abb. 20) vereinigt mehrere Aktivierungselemente. „Baileys" (Abb. 21) visualisiert Gefühle und konditioniert die* **Verarbeitungswirkung** *mit einem Produkt, das sinnlich und unwiderstehlich sein soll.*

Bilder werden schnell und bequem verarbeitet. Ihre emotionalen Wirkungen sind überzeugender als die von Worten und erfolgen meist unbemerkt. Es können in kürzester Zeit ganzheitliche Konfigurationen aufgenommen werden, wohingegen Texte nacheinander und sequen-

Abb. 20

tiell-analytisch verarbeitet werden. Hierzu gilt die Erfahrung: Ein Bild sagt mehr als tausend Worte.

Speicherwirkung

Bilder drücken Gefühle aus und sind besonders geeignet, Erlebniswerte zu speichern. Man denke an Werbekampagnen, deren Erlebnis-

BAILEYS.

ZEIT FÜR GEFÜHLE.

Baileys Original Irish Cream.

Sinnlich und unwiderstehlich.

Abb. 21

bilder jedermann bekannt sind und die gefühlsmäßig gespeichert werden. Es kommt also darauf an, Konsumenten mit **inneren** Bildern auszustatten.

*Ein **Beispiel** ist das visuelle Profil des Schoko-Riegels „Bounty". Die Darstellung von jungen Menschen, eingerahmt von Palmen, Meer* *und Strand dient der visuellen Profilierung von „Bounty". Kommuniziert werden spezifische Produkterlebnisse, wie tropische Exotik, die vom Konsumenten verinnerlicht und als Präsenzreize für diese Produkte dienen sollen.*

Gedächtniswirkung

Gedächtnisbilder (memory images) dienen dazu, bildliche Eindrücke im Gedächtnis zu speichern. Diese Gedächtnisbilder sorgen für unsere gute Erinnerung. Personen, Marken, Geschäfte usw. sind auch nach Jahren dem einzelnen bildlich präsent und mit Emotionen besetzt. Man denke an die Wiederbegegnung mit derartigen Reizvorlagen nach sehr langer Zeit.

Beispiel: Man behält Namen von Personen und erinnert sich an sie besser, wenn man sie persönlich gesehen hat.

Kontrollwirkung

Bilder werden weniger bewußt verarbeitet als sprachliche Vorstellungen. Sie entziehen sich weitgehend der Erfassung, da angemessene Recognition-Verfahren für Bilder fehlen. Hinzu kommt, daß der Umworbene weniger als bei Texten die Möglichkeit hat, die Bildwirkung bei sich selbst zu kontrollieren und damit eine Reaktanz gegenüber der werblichen Beeinflussung aufzubauen.

Beispiel: In vielen Restaurants werden Speisen (besonders beim Dessert) zunehmend bildlich angeboten, mit möglichst wenig Text und verführerischer Darstellung (siehe Abb. 22).

2.4.2. Einsatz von Schlüsselbildern

Um Schlüsselbilder bzw. Leitbilder zu finden, die den langfristigen visuellen Auftritt der Erlebnislinie festlegen, kann man emotionale **Schemabilder** verwenden (vgl. Kroeber-Riel, 1989). Es handelt sich hierbei um allgemein verbreitete und emotional vergleichbar wirkende Bilder, die schematisch gespeichert werden, sei es angeboren oder erlernt.

Nach Kroeber-Riel (1988, S. 189) manifestieren sich Schemavorstellungen u. a. in den Traumbildern der Konsumenten, z. B. im Bild der „schlafenden Schönen", des „rassigen Pferdes" oder des „schützenden Hauses". Besonders beliebt sind derzeit auch mystische Motive, z. B.

Abb. 22

- *der göttlich milde Metaxa mit Circe-Abbildung (siehe Abb. 23)*
- *der Clio von Renault im Paradies (siehe Abb. 24)*
- *der phosphatfreie Wasserenthärter mit einem Bild des Wassermannes.*

Abb. 23

Interessant für die Erlebnisvermittlung sind solche Schemabilder, die beim Betrachter besonders lebendig (d. h. klar und anschaulich) und emotional stark besetzt sind. Die Suche nach Erlebniskonzepten ist dann eine Suche nach Bildern, die in der Zielgruppe starke Schemabilder ansprechen. Dabei gibt es zwei alternative Vorgehensweisen:

Abb. 24

- Bestimme die Emotionen der Erlebnisstrategie und suche nach Bildern, um sie auszudrücken. Diese Strategie dominiert bei Vertretern der nonverbalen Kommunikationsforschung, worauf im nächsten Abschnitt eingegangen wird.

- Operationalisiere Erlebniskonzepte durch Bilder und prüfe dann, ob emotional starke Schemabilder angesprochen werden. Diesen Weg geht Kroeber-Riel bei seiner aktuellen Forschung über emotionale Bildassoziationen.

Er geht von den wesentlichen (zentralen und dominanten) Bildelementen aus, die in der Werbung verwendet werden können und prüft die enge Verbindung zwischen emotionalem Konzept und visueller Umsetzung. Für die Inhaltsanalyse haben so entwickelte Kategorienschemata den Vorteil, daß man zunächst an ziemlich klar abgrenzbaren Bildmotiven ansetzt und ihnen emotionale Inhalte zuordnen kann. Besondere Probleme werfen dabei natürlich Kontexteinflüsse und die Interpretation von komplexen Bildkonfigurationen auf.

Einige Beispiele von Kroeber-Riel:

Frau:	Erotik, Sex	Schönheit	Prestige
	Sinnlichkeit	Eleganz	Beruf
	Urlaub	rassig	Emanzipation
	Wildheit, Frische	Natürlichkeit	sanft
	Geborgenheit	Mütterlichkeit	Gepflegtheit
	Sportlichkeit	Körperbewußtsein	Geheimnis
Familie:	Zusammengehörigkeit	Geborgenheit	Muße, Entspannung
Katze:	Geheimnis sanft	Kuscheligkeit	Häuslichkeit
Hund:	Treue rassig	Gefährte	Häuslichkeit
Vogel:	Freiheit Wildheit	Exotik	Natur
Wald:	natürlich	idyllisch	Gesundheit
Wasser:	Frische idyllisch	Natur	Verführung
Nacht: (mit Mond und Sternen)	Harmonie	Stille	Geheimnis
Landschaft: (mit Tieren)	Natürlichkeit	Wildheit	Gesundheit

Landschaft: (mit Menschen)	Freizeit	Natürlichkeit	Gesundheit
Auto, **Motorrad:**	Luxus Sportlichkeit Schnelligkeit	Reise, Urlaub spritzig robust	erste Klasse
Einzelhaus:	Familienleben Gemütlichkeit seriös	Geborgenheit Prestige	Größe
Straße:	Freiheit	Fortschritt	Weite
Kleidung, **Mode:**	Luxus Jugendlichkeit zünftig erste Klasse	Lässigkeit Eleganz Tradition urban	seriös Prestige gepflegt Freizeit
Schmuck, **Antiquitäten:**	Prestige Kultur	Reichtum edel	Tradition
High Tech:	Futurismus Modernität	Fortschritt	Nüchternheit

2.4.3. Gesichts- und Körpersprache

Mimik

Die wissenschaftliche Diskussion der Gesichtssprache (vgl. zusammenfassend Weinberg, 1986a) weist eine lange Tradition auf und belegt, daß die Mimik als ein prägnanter Indikator von Emotionen aufgefaßt werden kann. Bekanntlich erlaubt die Muskulatur des Gesichts eine Vielzahl unterscheidbarer Gesichtsausdrücke, um Emotionen in mimisches Verhalten umzusetzen.

Man nimmt an, daß es genetische Programme für Emotionen gibt, die auch die Ausdrucksfähigkeit beeinflussen. Sie bestimmen das Zusammenspiel von Gesichtsmuskeln bei spezifischen Emotionen und sind bei allen Menschen etwa gleich. Kulturelle Unterschiede haben zu Konventionen geführt, inwieweit Gefühle gezeigt werden dürfen oder maskiert werden müssen.

Es fehlt nicht an Versuchen, die im Gesichtsausdruck unterscheidbaren Emotionen zu systematisieren. Im Rahmen von Beurteilungs- oder Dekodierungstudien konnten trotz semantischer Ungenauigkeiten und methodischer Unzulänglichkeiten häufig sieben Emotionskategorien unterschieden werden, für die man über Synonyma verfügt (z. B. Glück, Überraschung, Angst, Ärger, Verachtung, Aufmerksamkeit und Interesse). Andere Untersuchungen zeigen, daß neben einer Vielzahl von Emotionskategorien die Richtung und die Stärke der emotionalen Empfindung aus dem Gesicht abgelesen werden können. Validitätsstudien belegen auch die „echte" Wiedergabe von Gefühlen im Gesicht.

Ungeklärt ist, ob verschiedene Gefühle von unterschiedlichen Bereichen des Gesichts ausgedrückt werden oder ob ein Gefühl sich im gesamten Gesichtsfeld widerspiegelt. Eine Komponentenanalyse kann der werblichen Gestaltung detaillierte Hinweise zur Darstellung von Emotionen liefern. Dagegen wird die Bestimmung der an der Kaufentscheidung beteiligten Emotionen leichter an Hand bekannter Kategorien möglich sein.

Bei der Auswertung der vorliegenden Befunde im Rahmen der Werbung muß man beachten, daß emotionalisierte Käufer und werblich präsentierte Emotionen in der Regel positiv dimensioniert sind (z. B. Freude, Glück, angenehme Überraschung). Die emotionale Schubkraft derartiger Präsentationen, z. B. in Anzeigen, ist dann auf das Handlungsziel ausgerichtet. Negative Affekte in der Werbung (z. B. Angst vor Krankheiten, Ärger über Produkte schlechter Qualität) bedürfen verbaler oder nonverbaler Hinweise, wie man unerwünschten Erfahrungen ausweichen kann. Derartige Entscheidungshilfen werden wieder mit positiven Affekten assoziiert (z. B. textliche oder bildliche Präsentation einer „guten" Alternative).

*Beliebt ist dieser Werbestil **beispielsweise** in der Pharmabranche, wo häufig die Wirkungserfolge visualisiert werden (siehe Abb. 25). Ein klassisches Beispiel ist die „Nasivin"-Kampagne. Die Hauptaussagen „Nasivin ist wirksam", „Nasivin wirkt lange" und „Nasivin ist gut verträglich" werden durch die leicht erfaßbare Wort-/Bildabfolge rasch und überzeugend transportiert.*

Gestik

Hände, Kopf und Füße können verschiedene Gesten ausdrücken. Zweckmäßig ist die Unterscheidung zwischen solchen Gesten, die mit dem Sprechen verbunden sind, und solchen, die das Individuum auf sich selbst bezieht. Gesten der zweiten Art werden bevorzugt mit Emotionen assoziiert.

Sie hat Schnupfen.

Sie hat Nasivin.

Mit Nasivin bekommen Sie Ihren Schnupfen in den Griff.
Sie können wieder frei durchatmen. Am Tag und in der Nacht.
Nasivin wirkt gezielt. Bis zu 8 Stunden.
Nasivin gibt es speziell dosiert für Säuglinge, Kinder und Erwachsene.

NASIVIN: Millionenfach bewährt. Ein Produkt der MERCK-Forschung.

Abb. 25

Im Rahmen der nonverbalen Kommunikationsforschung spricht man von erlernten **Adaptoren**, um selbst- und körperbezogene Bedürfnisse zu befriedigen und um Emotionen zu kontrollieren. Manche Selbst-Adaptoren (z. B. Körperreibung und Kratzen) unterliegen sozialer Kontrolle und werden in der Öffentlichkeit nur fragmentarisch durchgeführt. Dennoch scheint ihre kognitive Kontrolle gering zu sein. Objekt-Adaptoren (z. B. Spielen mit einem Bleistift) sind dem Individuum eher bewußt als Selbst-Adaptoren, und sie deuten vor allem Unbehagen oder Erregung an.

Mittels Gestik lassen sich auch **Einstellungen** und *Persönlichkeitszüge* ausdrücken. Derartige Gesten richten sich vor allem auf den Körper des anderen, z. B. Ausstrecken (Zuneigung) oder Verschränken (Abwehr) der Arme. Auch Persönlichkeitszüge werden wiederholt an Gesten erkannt, z. B. Depression, Hemmung und Stolz, aber in Anbetracht der methodischen Probleme sollten derartige Forschungsergebnisse zurückhaltend interpretiert werden.

Schwerpunkt der Forschung sind die mit dem Sprechen verbundenen Gesten. Man unterscheidet zwischen **Emblemen**, die eine präzise Bedeutung haben und direkt verbal übersetzt werden können, und zwischen **Illustratoren**, die eng mit der sprachlichen Phrasierung, Stimme, Lautstärke usw. zusammenhängen. Man kann annehmen, daß derartige Gesten dann hervorgebracht werden, wenn sie leichter der Veranschaulichung eines Sachverhaltes dienen können als Worte.

Körpersprache

Die **Körperhaltung** läßt sich in die drei Grundpositionen „sitzen, stehen, liegen" einteilen und drückt Emotionen, Einstellungen und Statusrelationen des Individuums aus. Die **Körperorientierung** kennzeichnet die Positionierung des Körpers zu einem Interaktionspartner, und unter **Körperbewegung** versteht man raum-zeitliche Veränderungen, an denen der ganze Körper beteiligt ist.

Diese drei Teilaspekte der Körpersprache werden bei der Darstellung von Personen im Rahmen der Werbung miteinander verknüpft. Kommunikationsforscher vertreten die Auffassung, daß der Gesichtsausdruck mehr die Art der Emotion ausdrückt, während die Intensität der Emotion eher durch die Körperhaltung mitgeteilt wird. Extreme Gefühle lassen sich einfach an auffälligen Körperhaltungen ablesen.

Körperbewegungen können auch als „Verlängerungen" von Gesten aufgefaßt werden. Sie unterstreichen dann beide die verbale Kommunikation. Weiß man, wie Körpersignale sprachlich übersetzbar sind, kann man Informationen nonverbal gezielt übertragen. Die Körpersprache unterliegt in besonderem Maße auch kulturellen Einflüssen, z. B. als Bestandteil ritueller Vorgänge (wie Festlichkeiten). Aus ihnen lassen sich zusätzlich Rückschlüsse auf die emotionale Befindlichkeit ziehen.

Werbeagenturen stehen täglich vor der Aufgabe, Emotionen werblich umzusetzen. Wird im Briefing für eine Erlebnisstrategie ein emotionales Ausdrucksverhalten vorgegeben, so stellt sich die Frage, welcher Stellenwert der nonverbalen Kommunikation zukommt.

Untersuchungen zeigen (vgl. Bekmeier, 1989, S. 207 f.), daß eine emotionale **Werbewirkung** vor allem von nonverbalen visuellen Gestaltungselementen getragen wird, so daß man zu folgender Wirkungshierarchie gelangt:

$$\text{Mimik} > \text{Gestik} > \text{Sprache.}$$

Zwei gegensätzliche **Beispiele:**

- *Bei den informativen Nachrichtensendungen (vor allem bei ARD und ZDF) versuchen die Sprecher, durch einen möglichst neutralen, wenig dynamischen Gesichtsausdruck den Eindruck einer wertfreien und emotionslosen Informationsübermittlung zu erwecken. Weder erschütternde Meldungen noch positive Informationen spiegeln sich in der Gesichts- und Körpersprache wider.*

- *Forschungsergebnisse zeigen, daß Gesichts- und Körpersprache in klassischen Low-Involvement-Werbesituationen überlegen sind. Die Botschaft der Bärenmarke-Werbung lautet z. B. „sportlich aktiv und bewußt leben ohne Verzicht auf Genuß". Die Betrachter interpretieren zunächst die nichtsprachlichen Reize, und durch quasi „einprogrammierte Programme" wird das Bild zur glaubwürdigen Informationsquelle, verbale Reize sind dann häufig überflüssig.*

Diese Verallgemeinerung bedarf natürlich einer Berücksichtigung der spezifischen Kommunikationssituation. Der situative Kontext sowie die Stimulikombination sind Einflußgrößen, die die oben postulierte Wirkungshierarchie beeinträchtigen können.

In Anbetracht der generellen Bedeutung von Personen zur Darstellung von Emotionen in erlebnisorientierten Kommunikationskonzepten kann es hilfreich sein, über einen **Kriterienkatalog** zu verfügen, der prüfen hilft, ob beabsichtigte Emotionen kommuniziert werden oder nicht. Dazu gibt es verschiedene Entwürfe. Das folgende Beispiel greift auf die von Kommunikationsforschern geprüften Befunde für den mimischen Ausdruck zurück und ergänzt Beispiele zur Mimik, Gestik und Körperhaltung, über die die Literatur berichtet (vgl. Weinberg, 1986a, S. 169 f.):

Kriterienkatalog zur nonverbalen Darstellung von Emotionen

Signal-systeme Emotions-kategorien	Mimik	Gestik	Körperhaltung Körperorientierung Körperbewegung
Freude, Heiterkeit, Begeisterung	verengte Augenlider, Lachen, Mundwinkel nach oben, Nasenflügel geweitet, Mund und Zähne geöffnet	schnelle und weite Bewegungen der Hände, objektgerichtete Bewegungen der Hände, Arme und Hände nach oben gestreckt	viele Kopfbewegungen, lebhafte Körperbewegungen
Traurigkeit	Augenbrauen gerunzelt bzw. gehoben, leerer Blick, Mundwinkel gesenkt	Hände nach unten verschränken, langsame Bewegungen	gebeugte Haltung, wenige Bewegungen
Ärger, Wut	gerunzelte Stirn, senkrechte Stirnfalten, heruntergezogene Augenbrauen, Lippen geöffnet, Zeigen der unteren Zähne, gesenkte Unterlippe	Hände weg vom Körper bewegen, Faust bilden, vorstrecken, schütteln, mit der Faust auf den Tisch schlagen, Plazieren der Hände in den Hüften	Treten nach Gegenständen, Stampfen auf dem Boden, Abwenden des Körpers
Angst, Schmerz	hochgezogene Augenlider und Augenbrauen, geöffneter Mund nach unten, Zähne auseinander	Gesicht verdecken, Hände ineinander verschränken, an den Haaren ziehen	zitternde Bewegungen, nervöse Beinbewegungen, Fluchtbewegungen des Körpers
Überraschung, Verwunderung, Erstaunen	waagerechte Stirnfalten, hochgezogene Augenbrauen, rundlich geöffneter Mund, gesenktes Kinn	Abwehrhaltung der Arme, in die Haare greifen, Wange berühren, Hand zum Mund	Aufrichten des Körpers, Innehalten in einer Bewegung

Signal-systeme / Emotions-kategorien	Mimik	Gestik	Körperhaltung Körperorientierung Körperbewegung
Ekel	senkrechte Stirn-falten, herunter-gezogene Augen-brauen, Mundwin-kel nach unten, untere Lippe vor-geschoben, Zähne zusammen	Abwehrhaltung der Hände, nach außen und oben gerichte-te Handflächen, gespreizte Finger	zurückgelehnter Oberkörper, vor-gepreßte Schultern
Neugier, Interesse, Aufmerksamkeit	gehobene Augen-brauen, Lächeln	Aufrichten der Hände, kreisende Gesten, Hände ineinander gesteckt, Reiben der Hand-flächen	Aufrichten (Vor-neigen) des Kör-pers, Bewegungen nach vorn, ange-spannte Körperhal-tung, erhöhte Bewegungs-geschwindigkeit

2.5. Praktische Folgerungen

Die erlebnisorientierte Massenkommunikation kann als eines der zen-tralen Instrumente angesehen werden, um Erlebnisstrategien umzu-setzen und zu positionieren. Dabei ist vor allem die Werbung mittels einer Vielzahl an verfügbaren Medien angesprochen.

Zusammenfassend empfiehlt sich folgende Vorgehensweise bei der Erlebnisvermittlung mittels Massenkommunikation:

• Überprüfung der Voraussetzungen einer erfolgreichen Erlebnisver-mittlung (insbesondere Informationsüberlastung, Marktsättigung und Low-Involvement der Konsumenten)
• Werbliche Umsetzung der (bereits entwickelten) Erlebnislinie in Er-lebniswerte, wobei vor allem auf die Abgrenzung zur Konkurrenz zu achten ist. Gesucht ist ein unverwechselbares Erlebnisprofil!
• Ableitung der zentralen Emotionen, auf denen die Erlebnisvermitt-lung aufbaut. Erlebnisse werden emotional vermittelt!
• Festlegung der Medien zur Erlebnisvermittlung, wobei der „multi-sensuale" Konsument anzusprechen ist. Kreativität im Media-Mix unterstützt die Abgrenzung zur Konkurrenz!

- Umsetzung der Erlebnisvermittlung in Bilder, sowohl in emotionaler als auch in informativer Hinsicht nach dem Motto: Ein Bild sagt mehr als tausend Worte!
- Verwendung nonverbaler Gestaltungselemente zur Vermittlung der gebrieften Emotionen. Hierzu liefert die nonverbale Kommunikationsforschung eine Vielzahl praktischer Regeln!
- Prüfung der Bild- und Textwirkungen hinsichtlich Aktivierung, Verarbeitung, Speicherung und Gedächtnisleistung.
- Vergleich der in den Bildern vermittelten Emotionen mit denen der Erlebnisstrategie. Stimuluskonfiguration und Kontexteinflüsse können Korrekturen erforderlich machen.
- Abstimmung der Erlebnisumsetzung im Media-Mix, wobei es möglich ist, Leitmedien festzulegen, denen die Hauptaufgabe der Erlebnisvermittlung zukommt.

3. Erlebnisorientierte Verkaufsgespräche

3.1. Der Verkaufsvorgang als ein sozialer Prozeß

Der Verkaufsvorgang läßt sich besonders auf drei klassische Erklärungsansätze zurückführen (vgl. Weinberg, 1986a, S. 75f.):

Aktivierungstheorie

Unter Aktivierung wird die innere Spannung oder Erregung des Organismus verstanden. Sie entsteht im Stammhirn des Menschen (vgl. Kroeber-Riel, 1990, S. 55f.).

Je stärker Umweltreize den Menschen aktivieren, desto größer ist seine Leistungsfähigkeit und Reaktionsbereitschaft. Ab einem „Schwellenwert" der Aktivierungsstärke nimmt die Leistung wieder ab. Idealtypisch läßt sich der Zusammenhang zwischen Aktivierung und Leistung folgendermaßen veranschaulichen (s. S. 100).

Empirische Untersuchungen haben insbesondere den Zusammenhang zwischen zunehmender Leistung und zunehmender Aktivierung (linke Hälfte des obigen Kurvenverlaufs) bestätigt, der auch für die Massenkommunikation relevant ist. Während in der Werbung die Erkenntnisse der Aktivierungstheorie mehr oder weniger bewußt

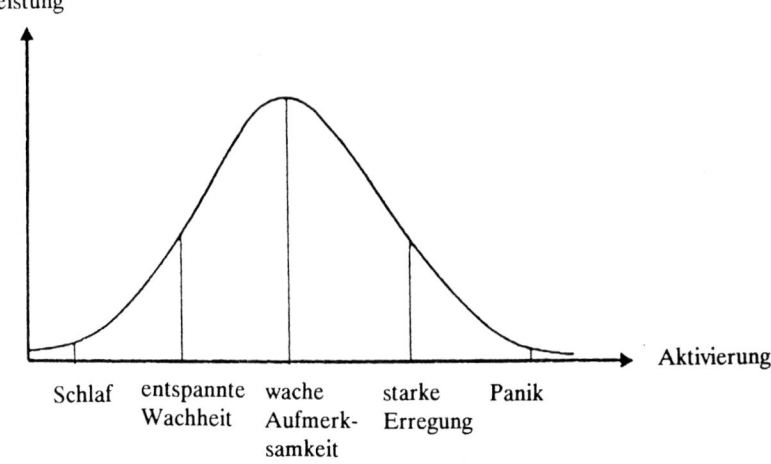

Leistung

Schlaf   entspannte   wache   starke   Panik
          Wachheit   Aufmerk-   Erregung
                      samkeit

Aktivierung

eingesetzt werden, fehlt es an Versuchen, Käufer-Verkäufer-Beziehungen aktivierungstheoretisch zu erklären und zu steuern. Dabei geht es auf beiden Ebenen darum, die Teilnehmer an der Kommunikation so zu beeinflussen, daß sie die dargebotenen Informationen positiv bewerten und gedanklich in der gewünschten Intensität und Weise verarbeiten.

Folgt man dieser Sichtweise, so lassen sich einige von Kroeber-Riel (1990, S. 97–98) formulierte Grundsätze für die werbliche Kommunikation in **Hypothesen** für Interaktionen beim Verkauf transformieren:

- Die Aktivierung der Käufer ist eine notwendige Voraussetzung für den Verkaufserfolg.
- Je höher die erzielte Aktivierung ist, umso effizienter werden Kommunikationsinhalte verarbeitet. Dabei darf keine Reaktanz bzw. Überaktivierung ausgelöst werden.
- Zur Aktivierung der Kunden stehen Reize mit primär physischer, emotionaler und kognitiver Wirkung zur Verfügung.
- Die tonische (länger anhaltende) Aktivierung sollte dem gesamten Interaktionsprozeß zugrunde gelegt werden, also von der Gesprächseröffnung bis zum Kaufabschluß. Phasische (kurze) Aktivierungsschübe empfehlen sich dann, wenn besondere kognitive Leistungen erforderlich sind.

Zwischen dem Aktivierungskonzept und der nonverbalen Kommunikation bestehen wechselseitige Beziehungen. Zum einen können aktivierende Reize durch Mimik, Gestik und Objekte in ihrer Wirksamkeit unterstützt bzw. durch sie selbst ausgelöst werden.

Beispiel: Das „werbewirksame" Lächeln des Verkäufers, gesprächsbegleitende Gesten und Kleidung, die dem Status des Verkäufers und der Verkaufssituation angemessen sind.

Zum anderen kann die ausgelöste Aktivierung **nonverbal** erfaßt und kontrolliert werden. Die Messung physiologischer Indikatoren der Aktivierung und die Erfragung der emotionalen Befindlichkeit scheiden in der Kaufsituation ohnehin aus, so daß ein erfolgreicher Verkäufer darauf angewiesen ist, die Gesichts- und Körpersprache seines Gesprächspartners genau zu beobachten und zu interpretieren. Sein Ziel wird es sein, ein mittleres Erregungsniveau anzustreben, bei dem der Partner zwar gelöst ist, jedoch aufmerksam zuhört und den Argumenten folgt.

Emotionen wie Langeweile deuten auf eine Unteraktivierung, Ärger oder Angst dagegen auf eine Überaktivierung hin. Der Verkäufer muß dann versuchen, daß Erregungsniveau auf- bzw. abzubauen. Eine optimale Erregung wird von Emotionen wie Interesse, Freude und entspannte Aufmerksamkeit signalisiert. Die Aktivierung des Käufers kann auch aus seiner verbalen Charakterisierung des Verkäufers (z. B. sympathisch, langweilig usw.) erschlossen werden.

Interaktionstheorie

Interaktionstheorien liefern Erklärungsansätze für soziales Verhalten auf der Grundlage lerntheoretischer Gesetzmäßigkeiten. Dabei geht es um die Formulierung von Stimulus-Reaktionsbeziehungen dergestalt, daß Aktivitäten von Individuen durch ihre Konsequenzen gesteuert werden.

Zu den zentralen Begriffen der Interaktionstheorie zählen Belohnung, Bestrafung und Motivierung. Der Wert einer Belohnung ist umso größer, je besser Motive befriedigt werden (Motivreduktion) und je stärker sie sind. Bestrafung läßt sich umgekehrt zur Belohnung definieren, und das Ausbleiben einer Belohnung kann als Bestrafung empfunden werden.

Es gibt zahlreiche Versuche, die Kommunikation zwischen Verkäufer und Konsument interaktionstheoretisch zu interpretieren. Einer der ersten Versuche stammt von Schoch, der folgende **Hypothese** formulierte (1969, S. 135):

- Die Wahrscheinlichkeit, daß ein potentieller Käufer die Interaktion mit einem Verkäufer aufnimmt und bis zu einem Kaufabschluß fortsetzt, ist größer, wenn diese Interaktion eine ihm als ausreichend empfundene Gratifikation einbringt.

Malewski (1967, S. 56 f.) formuliert mehrere Aussagen über die **Wahrscheinlichkeit** des Auftretens von Reaktionen. Dabei versucht er, Erklärungen für die Änderung von Verhaltenswahrscheinlichkeiten anzugeben. Dieser Ansatz weist also ein Meßkonzept auf und läßt sich auf Käufer-Verkäufer-Beziehungen übertragen. Zu seinen zentralen Hypothesen gehören:

- Die Wahrscheinlichkeit des Auftretens einer Reaktion wächst mit der Zunahme des Wertes, der Häufigkeit und der Regelmäßigkeit der infolge einer derartigen Reaktion erhaltenen Belohnungen.
- Je später bzw. unregelmäßiger belohnt wird, umso unwirksamer ist eine Belohnung.
- Wird eine bestimmte Reaktion bei einem bestimmten Reizkomplex belohnt, so erhöht sich die Wahrscheinlichkeit, daß diese Reaktion auch bei ähnlichen Reizkomplexen auftritt.

Für die verbale und nonverbale Kommunikation zwischen Verkäufer und Käufer liefern diese Hypothesen mehrere Anregungen:

- Das erlebnisorientierte Verkaufsgespräch hat Belohnungscharakter, leistet damit einen Beitrag zur Zufriedenheit der Käufer und zur Stabilität der Verkaufsbeziehungen.
- Verkaufsgespräche folgen sozialtechnischen Regeln. Verstöße dagegen, z.B. durch ungeschickte Verhandlungsführung, beeinträchtigen die Belohnung des Käufers und reduzieren die Wahrscheinlichkeit eines erfolgreichen Kaufabschlusses.
- Das Generalisierungsprinzip der Lerntheorie, das in der letztgenannten Hypothese von Malewski zum Ausdruck kommt, hebt auf die Ähnlichkeit erfolgversprechender Stimulibündel ab. Ein erfolgreicher Verkäufer wird aus Erfahrung wissen, welche verbalen und nonverbalen Elemente seiner Verkaufsstrategie bei jeder Interaktion unentbehrlich sind, um dem Käufer bewährte Einkaufserlebnisse zu vermitteln.

Beeinflussende Kommunikation

Kommunikative Signale im Verkaufgespräch lassen sich in mehrfacher Weise gliedern. Eine Möglichkeit besteht darin, die zur Massenkommunikation benutzten Rezeptionsorgane zu wählen:

- visuell
- auditiv

- olfaktorisch
- taktil
- thermal
- gustatorisch

Darauf wurde bereits verwiesen (vgl. Kapitel D 1). Zweckmäßiger ist eine Gliederung nach den an der Interaktion zwischen Verkäufer und Käufer beteiligten kommunikativen **Ausdrucksformen**. Danach kann man zunächst zwischen verbalen und nonverbalen Signalen unterscheiden und dann weiter differenzieren, vgl. dazu das folgende Schema.

Analog zur Blickweise in der Werbung kann der Verkäufer als Kommunikator gelten, dessen Ziel es ist, den Konsumenten zu einem Kauf zu bewegen. Der **Beeinflussungsprozeß** läßt sich in mehrere Stufen zerlegen, z. B. nach Kroeber-Riel (1990, S. 566) in:

- Auslösen von Aufmerksamkeit
- Herstellen des Kontaktes mit dem Kunden
- Ansprache der Motive des potentiellen Käufers
- Herausarbeitung des Produktangebotes zur Motivbefriedigung
- Überzeugung des Kunden vom Produktangebot
- Herbeiführen des Kaufentschlusses

In welche Stufen der Kommunikationsprozeß zwischen Käufer und Verkäufer auch zerlegt wird, auf jeder Stufe kann die Kommunikation eine besondere Funktion übernehmen: Das Zusammenspiel zwischen verbaler und nonverbaler Kommunikation kann unterstützend, validierend und interpretierend sein.

Im ersten Falle geht es um die **Unterstützung** der verbalen durch die nonverbale Kommunikation, sei es im bestärkenden oder im modifizierenden Sinne. Sie dient dann der eindeutigen Dekodierung der persönlichen Ansprache, vor allem hinsichtlich der emotionalen Komponente.

Im zweiten Falle wird die **Validierungsfunktion** der nonverbalen Kommunikation angesprochen. Nonverbale Reaktionen werden in der Regel als gültigere Indikatoren für die emotionale Befindlichkeit angesehen als verbale Bekundungen. Dabei kann zwischen Zeichen- und Objektsprache sowie Handlungen unterschieden werden, die affektive Zustände und Präferenzen ausdrücken.

Im dritten Falle wird das Verhältnis zwischen verbaler und nonverbaler Kommunikation näher charakterisiert, z. B. die Aufrichtigkeit einer Information, intrapersonale Konflikte oder die Dominanz einer der beiden Kommunikationsarten. Die wahrgenommene **Konsistenz**

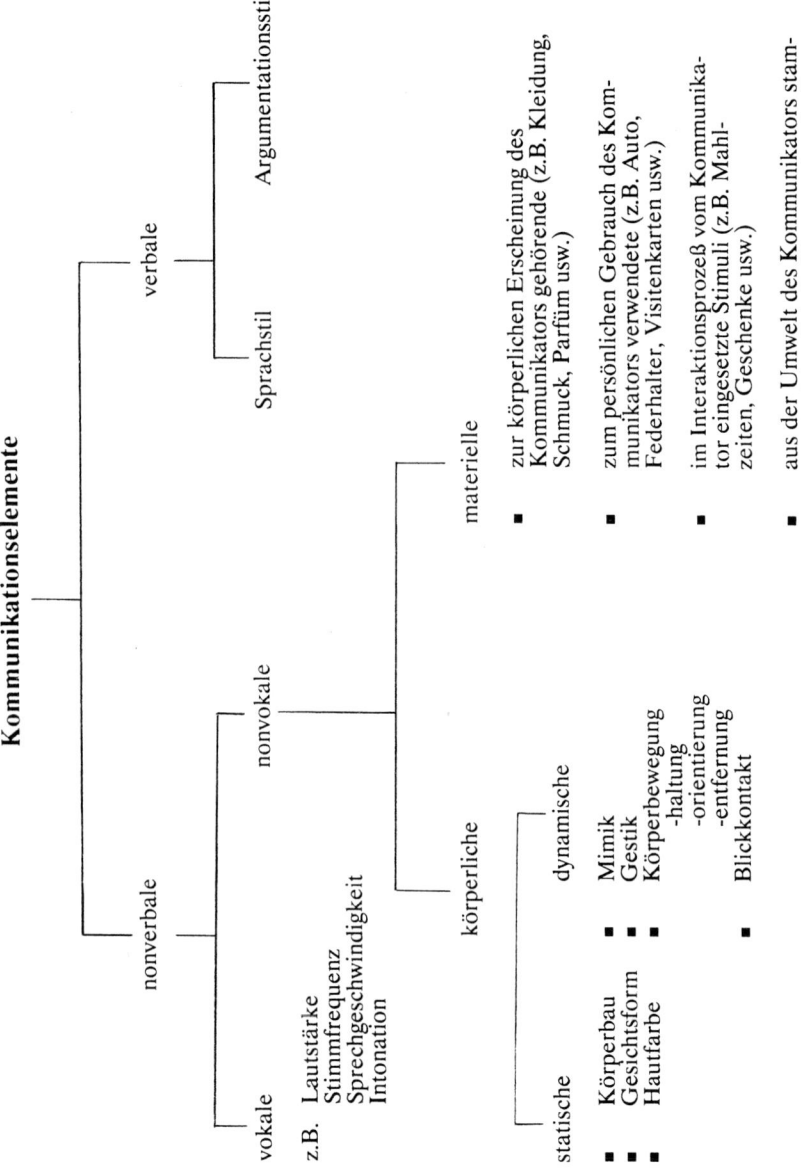

zwischen verbaler und nonverbaler Ansprache differiert auch geschlechtsspezifisch.

Im Rahmen der beeinflussenden Kommunikation zwischen Verkäufer und Käufer können nonverbale Signale auf **kognitive** Prozesse einwirken. Nach empirischen Befunden (vgl. Weinberg, 1986 a, S. 82) wird ein Interaktionsprozeß zu 7 % verbal, zu 38 % vokal und zu 55 % mimisch beeinflußt. Das nonverbale Verhalten (insbesondere Blickkontakte, Kopfbewegungen und Körperhaltungen) erlaubt vor allem Attributionen auf die Einstellung und den Status des Kommunikationspartners. Nonverbale Signale regulieren, modifizieren und unterstützen also Beeinflussungsversuche im Rahmen der Kommunikation.

Man sollte zwischen zwei Einflußgrößen auf den Erfolg einer Kommunikation unterscheiden: **Inhalt** und **Stil.** Je größer die Diskrepanzen in den Erwartungen der beiden Partner sind, desto geringer ist die Erfolgswahrscheinlichkeit für den beabsichtigten Verkaufsabschluß. So wird es darauf ankommen, nicht nur eine übereinstimmende Produktbeurteilung zu finden (Inhalt der Kommunikation), sondern sich auch auf eine Interaktionsart (Stil der Kommunikation) zu einigen. Ein erfolgreicher Verkäufer wird versuchen, den Erwartungen seines Partners hinsichtlich Inhalt und Stil der Kommunikation im Rahmen der Beeinflussungsstrategie möglichst entgegenzukommen.

Im Rahmen der beeinflussenden Kommunikation hat sich eine Sozialtechnik besonders bewährt: Die Strategie der **zweiseitigen** Argumentation. Das Steuerungspotential dieser Beeinflussungsstrategie (neben Vorteilen werden auch kritisierbare Aspekte des Angebots behandelt) wird kaum durchschaut und wirkt deshalb quasi automatisch. Es wird ein Gefühl der Meinungs- und Verhaltensfreiheit vermittelt (Vermeidung von Reaktanz), die Glaubwürdigkeit der Kommunikation wird erhöht, und es erfolgt eine „Impfung" gegen konkurrierende Angebote oder kritische Einwände von dritter Seite. Darauf wurde bereits verwiesen.

3.2. Phasen des Verkaufsgesprächs

Die Zahl der Empfehlungen von Praktikern für die optimale Gestaltung von Verkaufsgesprächen mutet als uferlos an. Es mag an der Problemstellung selbst liegen, daß wissenschaftliche Befunde nur selten

zu finden sind. Die folgenden Ausführungen stützen sich im wesentlichen auf Erfahrungen, die in der Praxis gewonnen wurden (vgl. zusammenfassend Klammer, 1989, S. 200 f.).

Konsumenten kaufen bekanntlich keine Waren oder Dienstleistungen
an sich, sondern deren Nutzen. Es kommt im Verkaufsgespräch also
darauf an, Vorstellungen, Ideen, Vorteile usw. der Waren oder Dienstleistungen zu verkaufen, die der Bedürfnisbefriedigung dienen. Dazu
empfiehlt es sich, Verkaufsgespräche einzuteilen in:

1. Eröffnungsphase
2. Angebotsphase
3. Abschlußphase.

Eröffnungsphase

Zu Beginn eines Verkaufsgespräches wird es darauf ankommen, den
Kunden in eine Stimmungslage zu versetzen, die ihn ermuntert, das
Verkaufsgespräch aufzubauen. Positive **Verstärker** (z.B. Lob, Kom-
pliment, Dank) erleichtern dem Verkäufer die Gesprächsführung in
diesem Sinne.

Wichtigste Aufgabe des Verkäufers ist in dieser Phase das **aktive Zu-
hören**. Darunter versteht man die Strategie, wichtige Informationen
des Gesprächspartners zu bestätigen und zusammenzufassen. In diese
Phase gehört auch der Einstieg in die Erlebniswelten, die Produkt und
Einkaufsstätte gemeinsam vermitteln wollen. Der potentielle Käufer
fühlt sich dann vom Verkäufer verstanden, anerkannt und ermuntert,
den Interaktionsprozeß fortzusetzen.

Da viele Kunden erst während des Verkaufsgesprächs ihre Wünsche
konkretisieren (Absichtskonflikt), bedürfen sie häufig einer Hilfestel-
lung durch den Verkäufer. Bewährt hat sich dazu für den Verkäufer,
Schlußfolgerungen aus der bisherigen Kommunikation zu ziehen, um
einen konkreten Bedarf zu formulieren (z.B. das bedeutet für Sie . . .,
dann haben Sie . . .).

Im Hinblick auf die **Erlebnisvermittlung** kommt es in der Eröffnungsphase darauf an, den richtigen „Einstieg" zu finden. Das bedeutet:

• Der Verkäufer muß mittels aktiven Zuhörens ermitteln, in welchen
  Lebensbereichen, für welche Verwendungszwecke und in welchem
  sozialen Kontext das zum Kauf anstehende Produkt verwendet
  werden soll. Das bedeutet, daß er möglichst viel über die avisierte

Lebensweise (sei es Beruf, Urlaub, Familie oder Hobbies usw.) erfahren muß.

- Dann geht es darum, die emotionale Brücke zwischen dem Produkt und den Determinanten der Lebensqualität herzustellen, die von der Erlebnisstrategie angesprochen werden. Hilfreich ist es, wenn man auf Vorarbeiten von Seiten der Massenkommunikation zurückgreifen kann, um erlebnisorientiert zu argumentieren.

Angebotsphase

In der Angebotsphase kommt es darauf an, dem Kunden die verkaufsrelevanten produktbezogenen **Informationen** zu vermitteln. Erlebnisstrategien sind in dieser Verkaufsphase von untergeordneter Bedeutung.

Bekannt ist, daß **Wortwiederholungen** helfen, Argumente zu gewichten. Fragen des Kunden können genutzt werden, soziale **Anerkennung** zu vermitteln, indem zunächst die Wichtigkeit bzw. Bedeutung der gestellten Frage betont wird. Überlegungen des Gesprächspartners sollten nicht nur durch Informationen gelenkt werden, sondern auch durch **Schlußfolgerungen** zusammengefaßt und vom Kunden **bestätigt** werden. So erreicht man häufig eine meist unbemerkte Übereinstimmung in der Angebotsbeurteilung, auch in Hinblick auf den Erlebnisbezug.

Ein besonders bewährtes Instrument ist die sogenannte **Hebeltechnik,** bei der es darum geht, Kommunikationswiderstände psychologisch zu überwinden. Derartige Widerstände werden meist an Faktoren, wie fiktivem Zeitmangel, Marken- und Lieferantentreue, zu hohem Preis, Interesse- und Zeitmangel festgemacht. Dazu zwei **Beispiele:**

Hebeltechnik bei Zeitmangel: „Nehmen Sie einmal an, Sie hätten Zeit, dann würden Sie 5 oder 3 Minuten verwenden, um diese Informationen zu prüfen, wie es Ihr Grundsatz ist." Erfahrungen zeigen, daß vorgeschobener Zeitmangel so überwunden werden kann; der Kunde beginnt meist, im Verkaufsgespräch zu „sprudeln".

Hebeltechnik bei „zu teuer": Hierbei empfiehlt es sich, durch Rückfragen beim Kunden den Preiseindruck zu relativieren. Diese psychologische Preisreduktion wird dadurch erreicht, daß die Bezugsgrößen der Preisbeurteilung (z. B. Konkurrenzangebote, Zusatznutzen des Produkts usw.) verändert werden.

Abschlußphase

Die Abschlußphase wird eingeleitet, wenn der Partner verbale oder nonverbale **Abschlußsignale** erkennen läßt. Man merkt sie meist an Fragen, die den Kaufabschluß betreffen (z. B. Lieferfristen, Garantiebedingungen, Transportmöglichkeiten) und an der körperlichen Hinwendung zum Produkt (z. B. Nähertreten, Produktprüfung, Kaufunterlagen ergreifen). Wichtig ist es für den Verkäufer, derartige Kaufabschlußsignale nicht durch erneute Argumentation abzuschwächen, sondern durch erneuten Rückgriff auf die Erlebnisstrategie den Kaufabschluß zu erleichtern.

Für die Behandlung des nun möglicherweise auftretenden Abschlußkonfliktes gibt es mehrere bewährte Rezepte. Der Kunde wird in seiner Entscheidung bestärkt, wenn der Verkäufer im Gespräch erarbeitete und übereinstimmende Ansichten in Frageform so wiederholt, daß der Käufer darauf mehrmals bejahend antworten muß.

Vor allem hilft es, nochmals die Bedeutung des Produktes für die in der Erlebnisvermittlung angesprochene Lebensqualität herauszustellen. Der Käufer wird so gefühlsmäßig bestätigt, das richtige Produkt zu kaufen. In manchen Fällen wird es die Entscheidung beschleunigen, wenn man mit Hinweis auf das Kaufverhalten relevanter Bezugsgruppen die **soziale Motivation** anspricht (z. B. „alle Kenner wie Sie …").

Bereitet die Lösung des Abschlußkonflikts größere Schwierigkeit, kann erneut zur **Hebeltechnik** gegriffen werden, z. B. dann, wenn die Kaufentscheidung verzögert oder verschoben werden soll. In solchen Fällen empfiehlt es sich, Informationsdefizite aufzuspüren und auszuräumen. Auf jeden Fall sollten „warum"-Fragen vermieden werden, da sie dazu auffordern, erste ablehnende Haltungen gedanklich zu vertiefen. Auch die **zweiseitige Argumentation** kann helfen, Abschlußkonflikte zu lösen.

In allen Verkaufsphasen ist es wichtig, Ruhe und Sicherheit auszustrahlen. Informationen werden nur von Gesprächspartnern aufgenommen, die hinreichend **aktiviert** sind. Man darf aber auch nicht versuchen, gegen starke Erregungen zu argumentieren, sondern sollte helfen, sie zunächst abzubauen.

Es empfiehlt sich, bei gering involvierten Kunden, die bei Erlebniskäufen dominieren, explizite **Schlußfolgerungen** zu ziehen und wichtige Argumente an den Anfang und an das Ende des Verkaufsgespräches zu legen. Der Kunde muß den Laden verlassen mit dem Gefühl, soeben ein erfolgreiches Einkaufserlebnis erfahren zu haben.

3.3. Verbale Erlebnisvermittlung

3.3.1. Vermeidung von Störfaktoren

Das **Kommunikationserlebnis** (nicht Kommunikationsergebnis) hängt vor allem von der Klarheit und Vollständigkeit der Argumentation ab. Unvollständige bzw. unklare Botschaften verunsichern den Gesprächspartner, was zu Fehlinterpretationen und auch zur Verärgerung führen kann. Soziale **Anerkennung** vermittelt man durch Lob und Bestätigungen. Auch wenn der Partner zu gegensätzlichen Schlußfolgerungen kommt, müssen der Wert und die Berechtigung seiner Ansichten und Überzeugungen anerkannt werden.

Besonders auffallend ist, daß schriftliche und mündliche Botschaften sehr häufig mit Informationen **überladen** werden. Dabei ist bekannt, daß Informationsaufnahme- und Verarbeitungskapazität des Individuums ziemlich begrenzt sind.

In Kommunikationsprozessen führt diese Diskrepanz häufig dazu, daß der Gesprächspartner bald nicht mehr in der Lage ist, die ihn überflutenden Informationen zu ordnen und zu verarbeiten. Die Folgen sind „geistiges Ausblenden" und Unzufriedenheit mit der Kommunikationssituation.

Der Gesprächspartner sollte dann versuchen, die bereits beschriebene Strategie des **aktiven Zuhörens** einzusetzen. Dadurch wird der monologisierende Gesprächspartner unterbrochen, sozial belohnt und aufgefordert, seine Ausführungen zusammenzufassen.

Umstritten ist, ob die Informationsübermittlung induktiv oder deduktiv erfolgen soll, das heißt, ob der Zuhörer nur Einzelinformationen erhält und selbst ein zusammenfassendes Fazit ziehen soll oder ob ihm ein kognitives Raster vorab zur Einordnung der folgenden Informationen mitgegeben werden soll. Meist wird die **deduktive** Methode empfohlen, da sie der Gefahr begegnet, falsche Schlüsse zu ziehen und Mißverständnissen zu erliegen. Dazu tragen auch **explizite** Schlußfolgerungen bei, im Gegensatz zu impliziten, die der Empfänger selbst ziehen muß.

Die selektive Wahrnehmung von Informationen infolge von Prä-
dispositionen kann ebenfalls die Kommunikation beeinträchtigen.
Deshalb muß ein Verkäufer nicht von eigenen Ansichten bzw.
Befürchtungen ausgehen, sondern versuchen, sich in die Rolle des
Käufers zu versetzen und aus dessen Interessenlage zu argumentie-
ren.

Erregte Gesprächspartner, deren Aktivierung auch nonverbal signalisiert wird (z.B. durch Atem und Gesichtsfarbe, Hand und Fußbewe-
gungen), unterliegen einer gedanklichen Blockade. Dann ist es sinnlos,
mit Argumenten gegen Gefühle anzukämpfen. Eine bewährte Strategie ist es, den Gegner dabei zu unterstützen, seine Emotionen abzubauen, z.B. durch nonverbale Bestätigung seiner Ansichten. Sobald
ein mittlerer Aktivierungsgrad erreicht ist, kann man versuchen, das
Verkaufgespräch erneut in Gang zu setzen. Erst dann empfiehlt es
sich, die erst- und letztgenannten Argumente zu wiederholen, vor allem dann, wenn die Kommunikation zwischen Verkäufer und Käufer
zu einem erfolgreichen Abschluß führen soll. Das nonverbale Verhalten und die Kommunikation mittels Gegenständen unterstützen auch
dabei die verbale Beeinflussung.

3.3.2. Phasentypische Erlebnisorientierung

Nach Klammer (1989, S.263f.) können in den einzelnen Phasen folgende erlebnisorientierte Teilziele verfolgt werden:

Phase	Teilziele
Eröffnung	Herstellung des persönlichen Kontaktes Informationsgewinnung und Bedarfsanalyse **Erlebnisorientierten Verkaufseinstieg suchen** Lösung eventueller Motivkonflikte
Verhand- lung	Alternativenauswahl und Alternativenbewertung **Ansprache der Lebensqualität der Kunden** Lösung eventueller Auswahlkonflikte
Abschluß	Herbeiführung der Kaufentscheidung **Produktwahl im Sinne der Erlebnisstrategie bestätigen** Lösung eventueller Abschlußkonflikte

Die drei Teilziele:

- erlebnisorientierter Verkaufseinstieg (in der Eröffnungsphase)
- Ansprache der Lebensqualität des Kunden (in der Verhandlungsphase)
- Bestätigung der Produktwahl im Sinne der Erlebnisstrategie (in der Abschlußphase)

können in mehrfacher Weise (analog zu den Möglichkeiten im Rahmen der Massenkommunikation) verfolgt werden:

Zunächst besteht die Möglichkeit, ohne „Kundennähe" die Erlebniswelten zu erschließen, die mit dem Angebot verknüpft werden sollen. Hilfreich ist hierbei eine von der Massenkommunikation bereits vorgegebene Erlebnislinie, um

- konkrete Erlebniswerte ansprechen zu können und
- über Verbalisierungshilfen zu verfügen.

Beispiele zur Erlebnisstrategie „Wir machen den Weg frei" der Volks- und Raiffeisenbanken:

- *dem Berufsanfänger wird der Weg ins selbständige, unabhängige Leben eröffnet,*
- *dem Familienvater konkretisieren sich die Sehnsüchte nach Wohneigentum,*
- *der Jungunternehmer erhält eine Starthilfe für seinen Auftritt in der Geschäftswelt.*

Sodann ist es wichtig, daß der Kunde sich „verstanden" fühlt und nicht argumentativ überfordert wird. Ein interaktives Gespräch ist u. a. gekennzeichnet durch eine „Interessenbalance" zwischen Kunde und Verkäufer. Die **Zufriedenheit** des Kunden ist also eine wesentliche Bedingung der Erlebnisorientierung im Verkaufsgespräch. Die Vermittlung von Kommunikations**erlebnissen** bedeutet in diesem Zusammenhang auch die Vermittlung persönlicher, auf den Lebensstil bezogener Produktinformationen.

3.3.3. Fehler bei der Erlebnisvermittlung

Technisches Produktwissen und Professionalität im Verkaufsgespräch sind zwar oft vermißte, jedoch für die Erlebnisvermittlung unabdingbare Voraussetzungen im persönlichen Verkauf. Erst auf dieser Ebene der souveränen Gesprächsführung sind gute Verkäufer in der Lage,

Lebensgewohnheiten und Lebensstile des Kunden zu erschließen und intelligente Produktlösungen anzubieten. Dazu einige typische **Beispiele** von Gröppel (1990, S. 275):

- *Der „Technikignorant" und „Wohnästhet" möchte beim Kauf einer HiFi-Anlage weniger über technische Details wissen, sondern mehr über die Einbaumöglichkeit der Geräte in bestimmte Wohnstile.*
- *Der „Straßencowboy" möchte beim Autokauf über Spoiler und Breitreifen informiert werden, der „Familienvater" über Sicherheitseinrichtungen für Kinder und Stauraum für die Familie.*
- *Urlauber interessieren sich nicht nur für die Stoffqualität von Kleidungsstücken, sondern vor allem für die Pflegeleichtigkeit, Strapazierfähigkeit und Kombinationsmöglichkeit auf Reisen.*

3.4. Nonverbale Erlebnisvermittlung

3.4.1. Beziehungen zwischen verbaler und nonverbaler Kommunikation

Verkaufsgespräche werden von Emotionen begleitet, die die Inhalte der Verhandlungen beeinflussen und steuern. Besonders bei der verbalen Erlebnisvermittlung ist es wichtig, die zur Erlebnisstrategie richtigen und wichtigen Emotionen auch nonverbal auszudrücken. Dabei ist folgendes zu beachten (vgl. Klammer, 1989, S. 253 f.):

- Nonverbale Stimuli drücken Emotionen glaubwürdiger aus als die Sprache.

  Beispiel: Ein freundlicher Empfang des Kunden, Anerkennung oder Komplimente müssen nonverbal symbolisiert werden, um glaubwürdig zu sein.

- Nonverbale Zeichen unterstützen, illustrieren oder ersetzen sprachliche Aussagen in ihrer Wirkung.

  *Hier kann das klassische Angler**beispiel** genannt werden, der seinen Anglerkollegen die Größe seines Fanges mit Gesten eindrucksvoll und überzeugend illustriert.*

- Nonverbale Zeichen dürfen sprachliche Aussagen in ihrer Wirkung nicht modifizieren oder ihnen widersprechen.

Beispiel: Ein Verkäufer wirkt wenig glaubhaft, wenn er mit einem ernsten Gesicht behauptet, daß er sich freue, den Kunden begrüßen zu können. Obwohl diese Erfahrung jedem bekannt ist, wird dagegen in vielen Verkaufsgesprächen direkt verstoßen.

Nur die Beachtung dieser Aspekte gewährleistet ein positives und glaubhaftes Gesprächsklima, um Sympathie, Interesse und Vertrauen zwischen den Gesprächspartnern aufzubauen. Man bedenke nochmals, daß erlebnisorientierte Verkaufsgespräche vorrangig **emotional** gesteuert werden und zu einem Kommunikations**erlebnis** führen sollen.

3.4.2. Einsatz der Gesichts- und Körpersprache

Stimme und Blick

Der nonverbalen Kommunikation kommt die vorrangige Aufgabe zu, die zur Erlebnisstrategie gehörenden **Emotionen** zu vermitteln (vgl. zu diesem Kapitel Weinberg, 1986 a, S. 93 f.). Das kann nicht nur durch die Worte selbst, sondern vor allem durch Klang, Betonung und Volumen der **Stimme** ausgedrückt werden. Untersuchungen belegen, daß nonverbale, vokale Kommunikationssignale interkulturell vergleichbar und ohne verbale Verständigungsmöglichkeiten weitgehend dekodierbar sind.

Besonders die **Stimmhöhe** eignet sich dazu, Gespräche zu akzentuieren (z.B. Betonung, Feststellung, Frage) und Emotionen zu unterstreichen. Ein besonderer Vorteil ist hierbei die Möglichkeit, mit der Stimme ein breites Kontinuum an Stufungen und Schattierungen der Höhenfrequenzen ausschöpfen zu können.

Auch das **Sprechtempo** beeinflußt die Erlebnisvermittlung. Eine Erhöhung des Sprechtempos hat oft zur Folge, daß die zugeschriebene Kompetenz ansteigt, wohingegen der Sprecher weniger als freundlich, liebenswert, höflich usw. empfunden wird. Daraus folgt, daß sich für die Eröffnungsphase eines Verkaufsgesprächs ein normales Sprechtempo empfiehlt, um einen möglichst höflichen und zuvorkommenden Eindruck zu erwecken. In der Angebotsphase wird es darauf ankommen, Sachkompetenz nachzuweisen, wozu die Stimme mittels dosierter Schärfe und dosiertem Tempo beitragen kann. Allerdings kann man bei expliziten Hinweisen auf schwierige Sachverhalte auch das Sprechtempo senken, ohne Kompetenzeinbußen hinnehmen zu müssen.

Sprechtempo und **Stimmvolumen** beeinflussen auch die Aktivierung des Gesprächspartners. Nach dem Motto „Lebendiges Sprechen schafft Kontakt und Aufmerksamkeit" sollte eine gleichbleibende Sprache vermieden werden, um nicht ausdruckslos zu erscheinen und damit wenig aktivierend zu wirken.

Unter „**Blickkontakt**" versteht man das gegenseitige Anblicken der Interaktionspartner. Dieses interaktive Ereignis beeinflußt die verbale Kommunikation nachhaltig sowie vielschichtig und übt mehrere Funktionen aus. So zeigen Kinder mehr Blickkontakt als Jugendliche, und Frauen blicken den Gesprächspartner häufiger an als Männer. Extrovertierte Personen schauen andere länger und häufiger an als introvertierte.

Der Blickkontakt ruht, je schwieriger, intimer und emotionalisierter die Interaktion abläuft. Sympathie und Status beeinflussen den Blickkontakt ebenfalls positiv, das heißt, man blickt Personen eher an, die man mag, und man schaut statushöheren eher in die Augen als solchen, die einen niedrigeren Status aufweisen. Das Gespräch selbst wird von wechselnden Blickkontakten und Reden begleitet. Blicke dienen dazu, die Wirkung des Gesagten zu erkunden, das Sprechen zu begleiten und zu kommentieren. Zuhörer schauen mehr als Sprechende den Gesprächspartner an, letztere aber dann, wenn sie die Wirkung des Gesagten prüfen wollen. Abschließende Blicke signalisieren das Ende der Rede und fordern auf zu antworten. Die wichtigste Mitteilung des Blickes beim Sprechen ist darin zu sehen, daß der Betreffende aufmerksam ist. Und es gibt Fixationspunkte des Körpers, auf denen der Blick beim Sprechen nicht verweilen darf, um Abwehrhaltungen zu vermeiden.

Daraus lassen sich eine Reihe von Empfehlungen für den **Blickkontakt im Verkaufsgespräch** ableiten:

- Steigere die Blickkontaktfrequenz, um die Aktivierung beim Zuhörer zu erhöhen und damit eine bessere Informationsverarbeitung zu erreichen.
- Vermehre die Blickkontakte, um so die entgegengebrachte Sympathie, das Vertrauen und die Glaubwürdigkeit der übermittelten Botschaft zu steigern.
- Halte kontinuierlichen Blickkontakt in kritischen Situationen (z.B. bei Reklamationen), um aggressionshemmend zu wirken.
- Beweise durch Anblicken des Interaktionspartners das Interesse an seinen Argumenten.

- Beachte die visuellen Signale für die Übernahme der Sprecher- bzw. Empfängerrolle, um so eine angenehme und störungsfreie Kommunikation zu ermöglichen.

Mimik

Das menschliche **Gesicht** ist nicht nur ein prägnanter Indikator für Emotionen, sondern es stellt in der persönlichen Kommunikation auch eine besonders glaubwürdige Quelle dar. Es wurde bereits erläutert, daß neben Emotionskategorien auch die Richtung und die Stärke von Gefühlen ablesbar sind.

Während des **Verkaufsgesprächs** lassen sich aus dem Gesicht der Interaktionspartner eine Vielzahl wechselnder Emotionen ablesen. Sie dienen dazu, den Gesprächsablauf zu akzentuieren sowie die Bedeutung verschiedener Äußerungen zu vervollständigen, und sie lassen sich folgendermaßen gliedern:

- Viele mimische Signale haben klare Bedeutungen, die in der Interaktion belohnend, bestrafend, zustimmend oder mißbilligend wirken. Jeder Verkäufer beherrscht dieses Repertoire an Gesichtsausdrücken und ist dadurch in der Lage, das Verkaufsgespräch zu beeinflussen.
- Manche Gesichtsausdrücke sind rituell festgelegt, z. B. eine freudige Mimik bei der Begrüßung. Zwar werden solche Mimiken weniger von Emotionen gesteuert, sie lösen beim Gesprächspartner aber gewünschte Reaktionen aus.

Manche Gesichtsausdrücke dienen auch dazu, dem Gesprächspartner **persönliche Eigenschaften** zuzuschreiben:

Mundkrümmung: freundlich, fröhlich, lässig, nett, liebenswürdig, humorvoll, ausgeglichen

Gesichtsspannung: entschlossen, aggressiv, jähzornig, unausgeglichen, ungeduldig

Eine genaue Interpretation hängt natürlich von der Verkaufssituation und dem Gesprächspartner ab. Entscheidend ist auch, in welchem Zustand emotionaler Erregung verhandelt wird.

Viele emotionale Gesichtausdrücke sind **interkulturell** vergleichbar, das heißt, bestimmte mimische Verhaltensweisen werden in verschiedenen Kulturen mit denselben Emotionen verbunden. Dazu zählen vor allem Freude, Ärger und Überraschung, was für Verkaufsgespräche besonders wichtig ist, aber auch Trauer, Furcht und Abscheu. Diese Erfahrungen können die Kommunikation stabilisieren, da Lernprozesse zu ihrer Beherrschung und Interpretation entfallen. Weiterhin eignen sich derartige stabile Signalsysteme zur **Verkäuferschulung,** um erlebte und simulierte Emotionen, die im Verkaufsgespräch gezeigt werden sollen, aufeinander abzustimmen. Ein guter Verkäufer ist bekanntlich auch ein versierter Schauspieler.

Gestik

Hände, Kopf und Füße können **Gesten** ausführen, die verschiedenen Zwecken dienen. Im Rahmen der persönlichen Kommunikation hat man sich vor allem mit der Gestik der **Hände** beschäftigt, sofern sie mit dem Sprechen verbunden ist. Sie kann die verbale Kommunikation in vielfältiger Weise unterstützen:

- Interpunktion und Verdeutlichung der Redestruktur
- Betonung und Veranschaulichung der Rede
- Umrahmung der Rede durch nonverbale Zusatzinformationen
- Rückkopplung vom und zum Zuhörer
- Signalisierung von Aufmerksamkeit, Zustimmung usw.

Besonders wichtig für **Verkaufsgespräche** sind die Gesten, die sprachliche Aussagen interpretieren (Illustratoren) und den Gesprächsfluß regeln (Regulatoren). Außerdem helfen sie, Art und vor allem Intensität der beteiligten Emotionen zu dechiffrieren.

Illustratoren sind Gesten, mit denen der Verkäufer sein Angebot veranschaulichen, unterstreichen und emotional werten kann. Zwei **Beispiele:**

- *Nach oben weisende Handbewegungen mit geöffneter Handfläche unterstreichen die verbal formulierten Produktvorteile.*
- *Die Kostbarkeit eines Produktes kann durch zartes Streicheln ausgedrückt werden.*

Regulatoren dienen dazu, den Gesprächsablauf zu steuern. Sie sind für den Verkäufer wichtig, um im Gespräch die Initiative zu behalten. Vor allem kommt es darauf an, Anfang und Ende einzelner Gesprächsphasen einzuleiten und die zentralen Entscheidungsphasen zu akzentuieren.

Eine in Verkaufgesprächen besonders wichtige Geste ist das **Händegeben.** Damit werden Gespräche begonnen und beendet, Streitereien geschlichtet, Abschlüsse besiegelt usw. Der Handschlag signalisiert also das Bedürfnis, ein Vertrauensverhältnis zum Kommunikationspartner zu schaffen, und ein verweigerter Handschlag wird meist als Ablehnung, Mißtrauen oder Gegnerschaft ausgelegt.

Für den **Handschlag im Verkaufsgespräch** kann man folgende Empfehlung geben:

- Ein Händedruck darf nicht zu hart oder zu lasch sein, man sollte „handfest" spüren, wie es dem anderen geht.
- Beim Handschlag muß auf den richtigen Abstand zum Interaktionspartner geachtet werden. Das ist dann der Fall, wenn die Distanz etwas größer als die Armlänge ausfällt. Geringere Distanzen können zur Verletzung der Intimsphäre führen, größere Distanzen herablassend wirken.
- Zur richtigen Distanz und dem optimalen Händedruck gehören ein fester Blick, ein freundliches Lächeln und häufig ein kurzes Zunicken.

Körperhaltung

Die Körperhaltung im engeren Sinne läßt sich wiederholend in die drei Grundpositionen

sitzen

stehen

liegen

einteilen und drückt Emotionen, Einstellungen und Statusrelationen des Individuums aus. Die **Körperorientierung** kennzeichnet die Positionierung des Körpers zu einem Interaktionspartner, und unter **Körperbewegung** versteht man raum-zeitliche Veränderungen, an denen der ganze Körper beteiligt ist. Diese drei Teilaspekte der Körpersprache werden unter „Körperhaltung im weiteren Sinne" im folgenden zusammengefaßt.

Die Körperhaltung gilt als ein zuverlässiger Indikator für menschliches **Täuschungsverhalten**. Erfahrene Verkäufer beobachten deshalb nicht nur den Gesichtsausdruck als Indikator für die emotionale Befindlichkeit, sondern zusätzlich die Art und Weise, wie der Körper positioniert und bewegt wird.

Im Verkaufsgespräch können Körperhaltungen als **Verlängerungen der Gesten** aufgefaßt werden. Sie rahmen und definieren einzelne Gesprächsabschnitte, langsamer als Gesten, aber gleichgerichtet. Man nimmt die gleiche Körperhaltung ein, wenn Gefühle oder Gesprächsthemen sich wiederholen.

Offene und entspannte, aber nicht allzu lässige Körperhaltungen leisten einen Beitrag zur Kommunikation, da sie den Betrachter positiv stimmen. Bewährt hat sich auch die **Imitation** der Körperhaltung des Interaktionspartners, wobei darauf geachtet werden muß, daß Statusgrenzen nicht überschritten werden. Dabei sollte man die Hände und den Oberkörper dem Gesprächspartner zuwenden und die Beine nicht verschränken.

Verstöße gegen das **räumliche Verhalten** haben negative Wirkungen. Dazu zählen Verletzungen des intimen bzw. persönlichen Raumes des Kunden sowie verschiedene Körperberührungen. Der Gesprächspartner weicht dann zurück, um wieder die richtige Distanz einzunehmen, wodurch das Verkaufsgespräch empfindlich gestört wird. Manche Verkäufer merken ihr Fehlverhalten nicht und rücken dem Kunden nach, wodurch das Unbehagen wächst.

Zielorientiertes Verhandeln sollte innerhalb der persönlichen Distanz erfolgen, die erfahrungsgemäß etwas mehr als eine Armlänge ausmacht. Sie ermöglicht Blickkontakte während des Gesprächs, und auch deshalb sollten Verkäufer die Regeln des räumlichen Verhaltens kennen und befolgen.

3.4.3. Kommunikation mit Gegenständen

Die vom Verkäufer eingesetzten **materiellen Hilfsmittel** nonverbaler Kommunikation umfassen nach Kroeber-Riel (1990, S.573):

- die zur äußeren Erscheinung des Verkäufers beitragenden Gegenstände wie Kleidung und Schmuck,
- persönliche Gebrauchsgegenstände wie Aktentasche und Auto,
- in die Verkäufer-Käufer-Interaktion einfließende Objekte wie Mahlzeiten und Geschenke und
- die Personen und Gegenstände der kommunikativen Umwelt des Verkäufers wie Sekretärin und Büroeinrichtung.

Die Präsentation der äußeren Erscheinung mittels **Kleidung** oder **Schmuck** hat hauptsächlich den Zweck, etwas über sich selbst auszusagen. Im allgemeinen hat man klare Vorstellungen davon, welche soziale Bedeutung vor allem verschiedene Kleidungstücke haben. Auch wenn diese Informationen nicht unbedingt zutreffend sind, so signalisieren sie doch, wie der Betreffende wünscht, daß andere ihn einschätzen.

Der Kleidung kommt im Verkaufsgespräch bereits bei der **Kontaktaufnahme** eine bedeutende Rolle zu. Sie hilft, vor näheren verbalen Informationen den sozialen Status des Gesprächspartners einzuschätzen. Argyle und Trower (1981, S. 94) berichten außerdem von Untersuchungen, wonach besser gekleidete Menschen mit Eigenschaften wie Sensibilität, Freundlichkeit, Empfindsamkeit, interessante Erscheinung und Geselligkeit charakterisiert wurden.

In manchen Fällen werden an bestimmte **Gesprächssituationen** auch Erwartungen hinsichtlich der Kleidung geknüpft. Für den Verkäufer empfiehlt es sich in solchen Fällen, Informationen über seinen Gesprächspartner einzuholen, die ihm erlauben, seine äußere Erscheinung entsprechend anzupassen. Häufig ist die Toleranzschwelle für „underdressed" relativ schmal, die ein Verkäufer nicht überschreiten darf.

Die Kleidung dient nicht nur als Indikator für soziodemographische Merkmale und für persönliche Eigenschaften. Sie hilft auch, die **Stimmungslage** des Gesprächspartners zu beeinflussen, z. B. durch farbenfrohe oder figurbetonende Kleidung. Aktivierende und ablenkende Stimuli dieser Art werden bekanntlich selten durchschaut, auch wenn sie bewußt zur Unterstützung des Einkaufserlebnisses eingesetzt werden.

Auch die persönlichen **Gebrauchsgegenstände** eines Verkäufers, wie z. B. das Auto, Armbanduhr, Aktentasche, Taschenrechner usw., beeinflussen das Verkaufsgespräch. So gehört das Auto zu den käuflichen Statussymbolen. Dabei muß beachtet werden, daß luxuriöse Limousinen beim Käufer zu Neidgefühlen führen können, wohingegen kleine Autos am Erfolg des Verkäufers manchmal zweifeln lassen. Es kommt also wieder auf die „ausgewogene Mitte" an, wie Werber und Verkäufer oft zu berichten wissen.

Zur kommunikativen Umwelt des Verkäufers zählen auch die **Büroeinrichtung** (und die Sekretärin). Einflußfaktoren des Mobiliars auf die Kommunikation sind:

• Wahl der Möbel und ihre räumliche Anordnung,
• die Farbgebung des Raumes und
• sonstige Objekte wie Lampen, Wandschmuck und Pflanzen.

Bei der Einrichtung ist wie bei der Kleidung zu beachten, daß keine interaktionshemmenden Unterschiede aufgebaut werden. Sodann kommt es darauf an, mittels der **Farbgestaltung** eine behagliche Gesprächsatmosphäre zu unterstützen. Will ein Verkäufer über bestimmte im Raum befindliche Objekte die Kommunikation direkt beeinflussen, so benötigt er Kenntnisse über die Vorlieben und Abneigungen seines Interaktionspartners. Ein gemäß den Neigungen des Kunden eingerichteter Raum (z. B. mittels Blumen oder Kunstgegenständen) ist bei der Kontaktaufnahme und bei der Schaffung einer für die Interaktion günstigen Atmosphäre hilfreich.

Alles in allem: Auch die **Objektkommunikation** kann die **Erlebnisvermittlung** unterstützen. Sie liefert Rahmenbedingungen, damit Kunden sich wohlfühlen und das Verkaufsgespräch als glaubhaft empfinden. Die Erlebnisvermittlung kann durch die demonstrative Kleidung des Verkäufers, durch unpassende Objekte in der Einrichtung des Geschäftes oder durch übertriebene Aufmerksamkeiten empfindlich beeinträchtigt werden. Entscheidend ist wieder die **Gesamtwirkung** beim persönlichen Verkauf.

3.5. Praktische Folgerungen

Es kommt darauf an, Kommunikations**erlebnisse** zu vermitteln, nicht nur am Umsatz meßbare Kommunikationsergebnisse zu erzielen. Erlebnisorientierte Verkaufsgespräche stellen die hohe Schule der emotionalen Beeinflussung dar.

In allen Phasen des Verkaufsgespräches muß versucht werden, den Beitrag des Angebots für die **Lebensqualität** des Kunden zu finden und anzusprechen. Die Funktionalität der Produkte ist eine untergeordnete Selbstverständlichkeit beim erlebnisorientierten Verkauf.

Sowohl verbal als auch nonverbal muß stets versucht werden, auf das Erlebniskonzept zurückzukommen. Hilfreich sind Vorgaben zur Erlebnislinie bzw. zu einzelnen Erlebniswerten der vorangeschalteten Massenkommunikation.

Der Einsatz der **nonverbalen Kommunikation** hilft vor allem zur emotionalen Umsetzung der Erlebnisstrategie. Geschulte Verkäufer müssen wissen, über welche Signalsysteme unterschiedliche Emotionen vermittelt werden können. Sie bilden das Fundament für zufriedene Kunden, die sich richtig angesprochen, in ihren Bedürfnissen verstanden und optimal beraten fühlen. So entsteht ein Einkaufserlebnis im Sinne des Erlebnismarketing, das heißt, ein interaktiver, kundenorientierter Beitrag zur Lebensqualität.

E Erlebnisvermittlung mittels Ladengestaltung

1. Die Ladengestaltung als interdisziplinäres Forschungsobjekt

Ziel der Laden- bzw. Einkaufsstättengestaltung ist die Schaffung von Präferenzen für den Handelsbetrieb durch ein auf Einkaufserlebnisse bezogenes Geschäftsimage. Das bedeutet:

- Bequemlichkeit des Kunden und Erleichterung des Einkaufs gewährleisten,
- Verlängerung der Verweildauer pro Kunde im Geschäft und
- Beeinflussung des emotionalen Entscheidungsverhaltens der Konsumenten.

Verschiedene Disziplinen (z. B. Handels-, Umwelt- und Konsumentenforschung) interessieren sich für die Gestaltung der Ladenatmosphäre, vor allem im Einzelhandel. Die Einkaufsstättengestaltung wird damit zunehmend zu einem interdisziplinären Forschungsobjekt (vgl. zum folgenden Weinberg, 1986b, S. 97 f.).

1.1. Beiträge aus der Handelsforschung

In Zeiten zunehmender Marktsättigung findet man immer mehr Märkte, auf denen die Geschäfte einander stark ähneln und in denen die gleiche Ware zum vergleichbaren Preis angeboten wird. Wen wundert es, daß unter derartigen Angebotsbedingungen der Preiswettbewerb wächst? Schwachpunkte profilierter Preisstrategien sind deren Imitierbarkeit durch die Konkurrenz und die zunehmende Uniformität der Sortimente.

Auf der anderen Seite wissen Forschung und Praxis, daß Kaufen und Konsum auch Vorgänge sind, die den Konsumenten erfreuen und die er in seiner Freizeit auch genießen kann. Der Handel benötigt entsprechend für viele Warenbereiche eine Distribution mit anregender Warenpräsentation in kaufstimulierender Umgebung, denn mit zunehmender Freizeit wächst auch die Erlebnisorientierung des Konsumenten, die SB-Verbrauchermärkte und Discounter kaum befriedigen. Das merkt auch der Handel selbst, wie die Alltagserfahrung der Praxis belegt.

Sowohl die Sortimentsbildung als auch die Ladengestaltung müssen dieser Entwicklung folgen. Anregungen für die **Sortimentsbildung nach Erlebnisbereichen** und für mögliche **Richtungen einer prägnanten Ladengestaltung** gibt die folgende Tabelle:

Erlebnis-werte	Beispielhafte Kriterien für die		Praktische Beispiele
	Sortimentsbildung	Einkaufsstättengestaltung	
Profes-sionalität	Berufsmäßiges Image: solide, haltbar, technisch kompliziert	Technische Einrichtungen als Gestaltungselemente, überwiegend Metalle und unbunte Farben, Beleuchtung dominant, industrielle Warenträger	Hi-Fi-Studios, Baumärkte
Ästhetik	Vermittlung von Schönheitserlebnissen durch ausgefallene Formen, Farben und Materialien	Kreatives Einrichtungskonzept mit künstlerischem Akzent, das Verkaufs- und Warenaspekte integriert	Haushalts- und Sanitär-geschäfte
Tradition und Stil	Weckung von Nostalgie durch Produkte oder Materialien oder Herstellverfahren der guten alten Zeit bzw. Nachbildung vergangener Formen und Farben	Wahl von Farben und Materialien, die Gemütlichkeit, Nostalgie, Freude und Echtheit ausstrahlen, die Warenpräsentation weist historische Bezüge auf	Einrichtungshäuser
Avant-garde	Betonung zukunftsweisender Trends durch moderne, progressive Gestaltungsmittel	Strenge, geometrische Formen, Verwendung von Farbkontrasten, unkonventionelle Warenträger	Lampen- und Mode-studios
Rustika-lität	Ausstrahlung von Einfachheit, Robustheit und Zuverlässigkeit	Dunkle Hölzer, braune Farbe dominiert, natürliche Materialien und konventionelle Metalle als Warenträger, zurückhaltende Beleuchtung, geordnete Warenpräsentation	Textil- und Schuh-geschäfte
Jugend-lichkeit	Lustige, unkonventionelle Anmutung durch ausgefallene Formen, Farben und Effekte	Realisierung spontaner Einfälle, keine langfristige Planung, einfache Materialien, jugendliche Verkaufsatmosphäre durch Farbe, Musik, Beleuchtung und lockere Warenpräsentation	Sport- und Musik-geschäfte

1.2. Beiträge aus der Umweltpsychologie

Die **Umweltpsychologie** ist keine eindeutig abgrenzbare Disziplin. Sie untersucht die Beziehungen zwischen dem Menschen und der von ihm geschaffenen Umwelt, sie entwickelt dazu adäquate Methoden und wählt einen interdisziplinären Forschungsansatz. Mensch und Umwelt werden als eine Gesamtheit begriffen, wobei Umwelteinflüsse und Verhalten sich gegenseitig bedingen.

Mehrabian (1978, S. 224 f.) ordnet **Einkaufsstätten** unter der Überschrift „**Spielumwelten**" ein. Er geht von der Alltagserfahrung aus, daß Einkaufserlebnisse vielerlei an Unterhaltungswert bieten, so z.B. den Kontakt mit Ladenbesitzern, lustbetonte und erregende Auslagen, abwechslungsreiche Warenpräsentationen, Wiedersehen mit Nachbarn und Bekannten sowie die Möglichkeit zur Befriedigung von Kommunikationsbedürfnissen.

Einkaufserlebnisse lassen sich auf psychischen Dimensionen wie **Erregung, Lust und Dominanz** beschreiben und messen, wobei der Erregung im Hinblick auf Kaufentscheidungen eine besondere Rolle zukommt. Mehrabian (1978, S. 230) vertritt die Meinung, daß Menschen – um ihr Erregungs- und Lustniveau zu erhöhen – umso eher einkaufen, je trister ihre Wohn- und Arbeitswelt ist. Das Einkaufen in exklusiven Geschäften erhöhe das Dominanzstreben und fördere in Verbindung mit der erwähnten Einkaufslust soziale Interaktionen beim Einkauf.

Dieses Konzept von Mehrabian ist empirisch überprüft worden (vgl. z.B. Gröppel, 1991). Man hat festgestellt, daß die Ladenatmosphäre weniger die Wahl des Ladens und die Geschäftstreue beeinflußt, sondern vor allem das Verhalten im Laden. Sie bestimmt das **empfundene Vergnügen** am stärksten, wie lange man im Laden bleibt und ob Impulskäufe getätigt werden. Auch die **Aktivierung** hängt von der Einschätzung des Ladens ab und beeinflußt ebenfalls die **Verweildauer** im Geschäft.

Die beiden Gefühlsdimensionen Erregung und Lust bzw. Vergnügen erwiesen sich als brauchbare **Prädiktoren für das Verhalten** im Laden. Sie können mit Skalen eines semantischen Differentials oder Bilderskalen einfach gemessen und zu einem Index verrechnet werden. Somit stellt die Umweltpsychologie dem Einzelhandel bereits Erkenntnisse zur Verfügung, mehr für die emotionale Bindung der Konsumenten an die Einkaufsstätten zu tun. Die Vermittlung angenehmer und erregender Einkaufserlebnisse hilft vor allem bei zunehmendem Konkurrenzdruck zur Profilierung und zur Verhaltenssteuerung beim Einkauf.

1.3. Beiträge der Konsumentenforschung

Auch die **Konsumentenforschung,** die im wesentlichen von Marktforschern betrieben wird, widmet sich zunehmend der räumlichen Gestaltung von Geschäften und ihrem Einfluß auf Ladenatmosphäre und Einkaufsverhalten der Konsumenten. Man kann die **Elemente atmosphärisch wirksamer Ladengestaltung** gliedern in:

- Außengestaltung wie Eingang, Fassade, Parkplatz usw. (man kann hierzu auch das Schaufenster zählen)
- Innengestaltung wie Beleuchtung, Wände, Temperatur usw. (im Verkaufsraum)
- PoS-Gestaltung wie Verkaufshilfen, Dekoration, Produktdarbietung usw.

Damit kommt auch den **Verbraucherpromotions** die Aufgabe zu, emotionale Erlebniswerte zu vermitteln. Letztlich geht es darum, angenehme und erregende **Einkaufserlebnisse** zu vermitteln, die das **Einkaufsverhalten** maßgeblich beeinflussen (z. B. Verweildauer, Ausgabebereitschaft, Geschäftsloyalität).

Unter **Displays** versteht man bekanntlich Instrumente der Verkaufsförderung, um wirkungsvolle Informationen über Produkte oder Dienstleistungen zu vermitteln, ihre Präsentation am Verkaufsort zu unterstützen und den Verkauf zu stimulieren. Zu den Displays zählen auch Verkaufsständer und Warentruhen, deren Beitrag zum Einkaufserlebnis in der Einkaufsstätte vom Paderborner Lehrstuhl für Absatz-, Konsum- und Verhaltensforschung getestet wurde (vgl. Weinberg, 1986 a, S. 155 f.).

In Zusammenarbeit mit der *Langnese-Iglo GmbH* in Hamburg erfolgte eine Untersuchung an vier Tagen im Juni 1984 in Filialen der *Coop* im Rhein-Main-Gebiet. Das empirische Material wurde durch die *A. C. Nielsen Company GmbH* erhoben.

Insgesamt wurden 500 Konsumenten befragt und beobachtet, ob und wie sie eine von fünf alternativen Eistruhen wahrnahmen, unabhängig davon, ob sie Eis kauften oder nicht. Die Erhebung war gekoppelt an einen kontrollierten Markttest, um die Absatzwirkung einzelner Truhen festzustellen. Erklärungsvariablen waren die Wahrnehmungsprägnanz, die Anmutungsqualität und das Image einzelner Truhen.

Diller et al. (1986) haben mehrere Studien zur Erlebnisorientierung im Einzelhandel durchgeführt. Dabei differenzieren sie zwischen einer menschlich-sozialen und einer wirtschaftlichen Funktion des Einkaufsstättendesigns, wobei der Ladengestaltung und der Warenpräsentation die Schlüsselpositionen zukommen. Die Ergebnisse zeigen, daß beide Parameter – Laden und Ware – bei erlebnisorientierter Gestaltung auch ökonomische Erfolge bringen.

Mehrere empirische Studien zur erlebnisorientierten Einkaufsstättengestaltung stammen von Gröppel (1991). Sie ist vorrangig der Frage nachgegangen, welche Kunden erlebnisorientiert einkaufen und wie deren Einkaufserlebnis beeinflußt werden kann.

Sie segmentiert „sensualistische" Kunden, die Freude und Spaß am Einkaufen haben. Diese Konsumenten suchen emotionale Anregungen beim Einkauf, möchten informiert werden und legen auf die Orientierungsfreundlichkeit des Verkaufsraumes besonderen Wert. Ferner zeichnen sie sich durch Interesse an persönlichen, interaktiven Verkaufsgesprächen aus und präferieren individuelle Sortimente und kontextbezogene Warendekorationen, wobei letzteres die Individualität des Sortiments **optisch** besonders zum Ausdruck bringen kann.

Vor allem prägt die kontextbezogene Warenpräsentation den Erlebniseinkauf. Dieses Ergebnis ist nicht nur für die PoS-Gestaltung von Bedeutung, sondern auch für den werblichen Auftritt. Je mehr die Warenpräsentation zum Lebensstil der Kunden paßt, desto lieber verweilen sie in dem Geschäft, was sich wiederum auf den Einkauf positiv auswirkt. Auf diese Aspekte wird im folgenden näher eingegangen.

1.4. Erfassung der Erlebnisorientierung

Klassische Instrumente der psychologischen Marktforschung zur Analyse der Erlebnisorientierung in Einkaufsstätten im Einzelhandel sind die **Beobachtung** und die **Befragung.**

Man weiß bereits, daß die Gefühlsdimensionen **Lust** bzw. **Vergnügen** und **Erregung** am stärksten bestimmen, wie sich Kunden im Laden verhalten, wie lange sie verweilen und ob sie bereit sind, ungeplante Käufe zu tätigen. Dazu gibt es ein semantisches Differential mit bipolaren Skalen, auf dem Befragte spontan ihre **emotionale Befindlichkeit** angeben (z. B. zufrieden–unzufrieden, angestrengt–entspannt usw.).

Vertieft wird die Befragung durch **offenen Fragen** zu:

- Einkaufsspaß und Beurteilung der Ladengestaltung,
- gewünschte Verweildauer und Kommunikationsbedürfnis in diesem Geschäft,
- Absicht zu wiederholtem Einkauf in diesem Laden,
- Beeinflussung des Einkaufs durch die Einkaufsstätte,
- Empfehlung der Einkaufsstätte gegenüber Dritten.

Ergänzt werden kann eine solche Befragung durch explorative Tests, falls sie im häuslichen Bereich vorgenommen wird. Mögliche Themen wären:

- Bedeutung des Einkaufs für die Lebensgestaltung,
- Assoziationen zum untersuchten Geschäft,
- Beurteilung des Sortiments und des Preis-Leistungsverhältnisses.

In der Auswertung wird man versuchen, psychische Affinitäten zwischen Einkaufserlebnis und Einkaufsstätte zu finden.

Sieht man von projektiven Tests ab, so eignen sich alle Konzepte zur **Befragung** in der Einkaufsstätte, beispielsweise beim Verlassen des Ladens. Dann empfiehlt es sich, zusätzlich das Instrument der **Beobachtung** einzusetzen. Folgendes Verhalten der Konsumenten beim Einkauf kann ergänzende Hinweise zur Ladenatmosphäre geben:

- Strategie des Einkaufs (z. B. zügig als Erledigung, mit Muße als Freizeiterlebnis),
- Verweildauer und -gründe in einzelnen Einkaufszonen,
- Anzahl der Produktkontakte (z. B. betrachten, greifen, prüfen),
- Wahrnehmung einzelner Gestaltungselemente,
- Kommunikationsverhalten beim Einkauf,
- Mimik und Gestik bei zentralen „Ladenlayouts“.

In der bereits erwähnten und in Zusammenarbeit mit der *Langnese-Iglo-GmbH* 1984 erfolgten Untersuchung der Eistruhenwirkung in Filialen der *Coop* im Rhein-Main-Gebiet wurde die systematische, nicht-teilnehmende Beobachtung erfolgreich getestet (vgl. Weinberg, 1986 a, S. 155 f.). Die Interviever von *A. C. Nielsen Company GmbH* wurden geschult, folgendes zu beobachten:

- Wann wurden die Truhen wahrgenommen und wie lange betrachtet? Die Antworten gaben Hinweise auf die Wahrnehmungsprägnanz einzelner Truhenelemente.
- Mit welcher Mimik wurden die Truhen wahrgenommen? Dazu gab es die Unterscheidung zwischen erfreut, überrascht, gleichgültig und mehrdeutig. Die Einschätzung der Gesichter der Verbraucher durch die Interwiever erfolgte global, nachdem die Erfassung der Mimik anhand standardisierter Vorlagen eingeübt worden war. Insbesondere bedurfte es einer sorgfältigen Auswahl der Standorte, von denen aus die Verbraucher vergleichbar in allen fünf Geschäften beobachtet wurden.

Die Beobachtung (Mimik, Gestik, Einkaufsverhalten) diente dem Ziel, die durch die Eistruhen ausgelösten Emotionen zu erfassen. Bei der Befragung ging es vor allem um die Identifizierung unterschiedlicher Käufertypen und um Kaufmotive. Die Ergebnisse zeigen aus übergeordneter Sicht, daß Truhenelemente wie Formen, Farben und Produktabbildungen das Einkaufsverhalten emotional beeinflussen.

Diese emotionalen Wirkungen entfaltet das **Displaymaterial** nur in enger Wechselwirkung mit der übrigen Ladengestaltung. Deshalb bedarf es der **Kooperation** mit den Handelspartnern über Möglichkeiten der Abstimmung der Displaygestaltung mit dem Ladenbild, der Käuferstruktur und der regionalen Marktsituation.

Mehrere methodische Beiträge zur Erfassung der Erlebnisorientierung stammen von Gröppel (1991). Sie zeichnen sich vor allem durch hohe Praktikabilität für den Handel aus. Die wichtigsten Ansätze sind:

- **Lebensstilfragen** sind valide Meßkriterien, um sensualistische Kundengruppen zu identifizieren.
- Die am PoS empfundene Stimmung und das Raumerleben können durch **Bilderskalen** erfaßt werden. Die entwickelten **nonverbalen** Bilderskalen haben sich als zuverlässige und valide Meßinstrumente bestätigt.
- Das **Involvement** der Befragten stellt eine weitere wichtige Segmentierungsvariable dar. Es zeigte sich, daß sensualistische Kunden ein höheres Ego-Involvement aufweisen als andere Kundengruppen.

Alles in allem: Mittels Beobachtung und Befragung kann jeder Handelsbetrieb in einfacher Weise seine Erlebnisorientierung selbst testen und prüfen, inwieweit sein Konzept bei den Kunden „ankommt".

1.5. Zukünftige Erlebnistrends

Die mittels Beobachtung und Befragung ermittelten emotionalen Erlebnisse, die Einkaufsstätten vermitteln, müssen immer **strategisch** ausgerichtet werden. Die Wahl der Erlebnisstrategie hängt von den aktuellen Faktoren der Lebensqualität ab: Lebensstandard, Lebenssinn, Familie und Kommunikation.

Für die jeweilige Käuferstruktur kann geprüft werden, inwieweit die bekundeten Ladenbewertungen **aktuelle Wertetrends** ausdrücken und zu der damit angestrebten **Lebensqualität** passen. Mögliche Erlebnistrends sind:

- **Trend zur Individualisierung des Konsums**

  Es sind Betriebstypen denkbar, die atmosphärisch die Individualität besonders betonen, z. B. durch Erlebniswerte wie Jugendlichkeit, Rustikalität oder Avantgarde.

- **Trend zur Natürlichkeit**

  Aus diesem Trend lassen sich einfache Gestaltungsempfehlungen ableiten, z. B. hinsichtlich Pflanzen, Grünflächen usw. Dazu können auch Betriebstypen passen, die Erlebniswerte wie Tradition, Stil oder Ästhetik vermitteln.

- **Trend zur Kommunikation**

  Dieser zentrale Trend erfordert Maßnahmen hinsichtlich Verkäufer-Käufer-Interaktionen, Schaffung von Ruhezonen zur Förderung der Kommunikation unter Kunden, Ansprache des Familiensinnes der Verbraucher, sei es durch familiär ausgerichtete Angebote, sei es durch Förderung des Einkaufs in der Familie usw. Man vergleiche hierzu die Shopping-Malls in den USA, die das Stadtleben in künstliche Innenwelten verlegen.

Die **Variablen zur erlebnisbetonten Ladengestaltung** sind vielfältig. Dazu zählen besonders:

- Farben und Formen,
- Pflanzen und Tiere,
- Beleuchtung und Dekoration,
- Musik und Bilder.

Besondere Aufmerksamkeit verdienen bestimmte Zonen, wie z. B. die Außengänge, die Wartezonen im Bereich der Bedienungsabteilungen, die Stirnseiten der Gondeln, der Kassenbereich sowie der Checkout. Sie sind für gezielte Gestaltungsaktionen besonders geeignet, weil der Konsument hier verweilt, teils entspannt ist und umherschaut. Auch die **Imageryforschung** bestätigt, daß Konsumenten über ein „inneres Bild" von ihrer Einkaufsstätte verfügen, in dem die Randgebiete besonders prägnant sind und sich für die Vermittlung von Einkaufserlebnissen besonders eignen (vgl. Weinberg, 1986b).

Auch die **Präsentation der Ware** beeinflußt das Einkaufserlebnis. Zu den **Instrumenten der Layoutpolitik** zählen:

- Die Art der Warenpräsentation auf den Warenträgern (Beachtung von Gesetzmäßigkeiten der Wahrnehmung und Aufmerksamkeit)
- Die Häufigkeit der Warenpräsentation (Zweit- und Drittdisplays für unterschiedliche, aber erlebnisbetonte Angebotspräsentationen)
- Lage und Reihenfolge der Abteilungen (Gliederung nach Bedarfshäufigkeit, sachlicher Zusammengehörigkeit unter Beachtung von Wegbreite, Entspannungszonen, ablenkende Kommunikation, Unterhaltung usw.)

Die erlebnisorientierte Einkaufsstättengestaltung ist eine bewußte Gestaltung des Images. Handelsunternehmen mit Betrieben unterschiedlichen Typs oder auch verschiedenen Programmen in einem Geschäft müssen prüfen, ob und inwieweit eine erlebnisorientierte Imagepolitik für jedes Geschäft bzw. jede Abteilung betrieben werden kann.

Für die Ladengestaltung und für die Warenpräsentation gilt das gleiche wie für das Verkaufsgespräch: Zufriedene Kunden sind solche, die nicht nur mit der richtigen Ware, sondern auch mit einem Einkaufserlebnis nach Hause gehen. Sie wollen in ihrem Lebensstil auch visuell angesprochen werden, das heißt, das Gefühl haben, in „ihrem" Geschäft einzukaufen.

2. Die Schaufenstergestaltung

2.1. Das Schaufenster als Umweltfaktor

Schaufenster sind die „Visitenkarte" des Einzelhandelsgeschäftes. Sie sollen Neugierde wecken, zum Besuch einladen und einen Teilausschnitt aus dem Warenangebot vorstellen.

Schaufenster leisten auch einen Beitrag zur Urbanisierung. Buntheit und Vielfalt der angebotenen Waren werden in Umwelten eingebettet, die zum Bestandteil des Straßenlebens gehören.

Diese doppelte Bedeutung des Schaufensters wird vielfach verkannt. In den meisten Fällen erschöpfen sich die Gestaltungsprinzipien in Dekorationstips, und folglich spricht man von „Schaufensterdekoration". Dabei vergißt man, daß Schaufenster zur Profilierung des Einzelhandels im Straßenbild beitragen können und das Einkaufserlebnis beeinflussen.

Die Schaufenster**gestaltung** (nicht Dekoration) ist also ein wichtiges Instrument im Sinne der Umweltpsychologie, das heißt, das Schaufenster muß konsequent entsprechend der Erlebnislinie konzipiert und professionell genutzt werden. Dekoration und Design als künstlerische Kriterien reichen nicht aus.

2.2. Funktionen des Schaufensters

Kompetenz zeigen und informieren

Man kann Schaufenster mit Ware „vollstopfen" oder sich um eine individuelle Warenpräsentation bemühen. Je stärker sich die Sortimente konkurrierender Anbieter angleichen, desto wichtiger wird es, das besondere Profil des Ladens auch schon im Schaufenster vorzustellen. Die Demonstration der Vielfalt der Waren reicht nicht aus, um sich beim Kunden zu profilieren.

Beispiel: Wenige Kinderbrillen werden lustig auf Puppen gezeigt (Abb. 26).

Neugierde wecken und Sogwirkung auslösen

Schaufenster müssen Passanten anhalten, neugierig machen und in den Laden locken. In Geschäftsstraßen besteht ohnehin die Gefahr, in der Vielfalt der Schaufenster unterzugehen, was durch eine zurückhaltende Gestaltung noch gefördert wird. Blickfänger wie überraschende Reize müssen helfen, sich aus der Anonymität zu lösen und als „Visitenkarte" des Händlers dem Konsumenten aufzufallen.

Beispiel: Rollerskatefahrer-Puppen (Abb. 27), die sehr lebendig wirken oder eine nachgestellte Winterlandschaft in den Bergen mit einer Gondel und Skifahrern für ein Sportgeschäft.

Abb. 26

Abb. 27

Abb. 28

Die Neugierde muß so groß sein, daß der potentielle Kunde be-
schließt, den Laden zu betreten. Deshalb muß das Fenster auch reprä-
sentativ für das Geschäft sein, das heißt, die Kunden müssen von außen erkennen können, was sie im Inneren erwartet.

Erlebnisse kommunizieren

Die Alltagserfahrung lehrt, daß der sensualistische Konsument von heute gerne Schaufensterbummel unternimmt. Er betrachtet dabei nicht nur die Auslagen, sondern genießt auch die **Anmutungsqualität** der Gestaltung.

Erlebnisorientiert konzipierte Einkaufsstätten beginnen mit der Erlebnisvermittlung deshalb bereits im Schaufenster. Schon dort kann der Kunde durch eine **Life-Style-Präsentation** der Ware in seinem Lebensgefühl angesprochen werden und den Eindruck vermittelt bekommen, vor „seinem Laden" zu stehen.

Beispiel: Man verwende Requisiten, die die anvisierte Zielgruppe sofort lebensstilorientiert identifizieren kann, z. B. Blattstandarte (siehe Abb. 28).

Die Avantgarde des Modeherbstes kann dekorativ mit goldenen Kordeln und überdimensionalen Blattstandarten aus formstabilen Materialien in Szene gesetzt werden. Begleitend zum Lanzen-System und dekorativen Büsten ist dies eine aussagekräftige Deko-Idee der Studio-Werbung Joachim Piske, Stuttgart 1991.

Zusammenfassend soll ein Schaufenster folgendes leisten können:

• Kompetenz zeigen
• über das Sortiment informieren
• Neugierde wecken
• Sogwirkung auslösen
• Erlebnisse kommunizieren.

2.3. Kriterien der Erlebnisvermittlung

Nach Gröppel (1991) kann die Erlebnisvermittlung im Schaufenster durch folgende Maßnahmen unterstützt werden:

• Produkte werden in ihrem natürlichen **Bedarfs- und Verwendungszusammenhang** präsentiert. Dadurch erhält der Betrachter anschauliche Beispiele, die ihn kognitiv entlasten und seine Phantasie anregen.

   Beispiel: In Schweden denkt man darüber nach, ob es nicht sinnvoll sei, Produkte im Lebensmitteleinzelhandel nach „Rezepten" zu ordnen wie z. B. Spaghetti mit Hackfleischsauce, Parmesan usw.

- Es muß eine Beziehung zwischen Dekoration und ausgestellten Produkten aufgebaut werden, die emotional anspricht und glaubwürdig erscheint. Dabei muß geprüft werden, welche Assoziationswirkungen von der Dekoration und dem Warenangebot ausgehen.

  Beispiel: Marine-Look in der Damenoberbekleidung wird durch maritime Accessoires vermittelt (siehe Abb. 29).

- Schaufenster sollten möglichst **zielgruppenorientiert** gestaltet werden. Das erreicht man nicht nur durch eine Verbundpräsentation einzelner Artikel für bestimmte Kundengruppen, sondern vor allem durch **milieuorientierte** Wareninszenierungen. Dazu können bereits Accessoires ausreichen, um die Zielgruppe anzusprechen. Hier liegt also eine enge Verknüpfung zur **Objektkommunikation** vor.

  Beispiel: Financial-Times für die emanzipierte Frau (siehe Abb. 30), alles für den ersten Studentenhaushalt (Gläser, Bücher, Wäsche usw.)

- Die Verwendung von **Schaufensterpuppen** hat sich bewährt, um Passanten neugierig zu machen und um Zielgruppen zu visualisieren. In den letzten Jahren sind lebendig wirkende, agierende Puppen entwickelt worden, die sich besonders für eine aktive, dynamische Produktpräsentation eignen. Schaufenster werden dadurch für den Passanten lebendig und lösen somit eine besondere Sogwirkung aus.

  Beispiel: Der backende Bäcker in der Bäckerei, die Urlaubsfahrt im Autohaus-Schaufenster

- Wird im Schaufenster ein Display verwendet, so gilt das für die Dekoration bereits Gesagte. Man muß prüfen, ob das Display im assoziativen Sinne zur Dekoration und vor allem zum Produkt paßt, Überraschungen und Übertreibungen können das Gesamtprofil beeinträchtigen.

- Besonders empfehlenswert ist die erlebnisorientierte **Inszenierung** eines Schaufensters. Hierzu bieten sich Lebensbereiche oder Hobbies der Zielgruppe an, aber auch jahreszeitliche Ereignisse oder lokale Feste.

  Beispiel: Schützenfest in Ostwestfalen, Oktoberfest in München

- Es besteht auch die Möglichkeit, einzelne Fenster unter ein Erlebnisthema so zu stellen, daß sie in ihrer Gesamtheit den Kunden ein Milieu vorstellen, das zu ihnen paßt.

  Beispiel: Ein Apotheker behandelt monatlich ein Gesundheitsthema, das im Schaufenster visualisiert wird.

Abb. 29

Abb. 30

3. Die Warenpräsentation

3.1. Möglichkeiten der Verbundpräsentation

Unter Verbundpräsentation versteht man die Möglichkeit der **Waren-zusammenführung.** Kriterien hierzu sind der Verwendungszusammenhang der Kunden (z. B. Hemd und Hose) oder der Bedarf für bestimmte Anlässe (z. B. Sport oder Urlaub). Gröppel (1991, S. 232 f.) hat empirisch belegt, daß die **kontextbezogene** Warenpräsentation einen wesentlichen Beitrag zur Erlebnisvermittlung der Ladengestaltung liefert.

Es gibt eine Vielzahl von Bedarfszusammenhängen, die über die alltägliche Warennutzung weit hinausgeht. Der Vielschichtigkeit der menschlichen Bedürfnisstruktur wird aus erlebnisorientierter Sicht besonders Rechnung getragen, wenn Verbundpräsentationen kreiert werden, die über klassische Bedürfniskategorien wie Wohnen, Reisen, Freizeit hinausgehen und zu Traumwelten an der Grenze der Realität vorstoßen.

Beispiel: Sonnenschutzmittel in tropischen Welten (siehe Abb. 31)

Die Verbundpräsentation ist auch ein Mittel der **optischen** Sortimentspräsentation und damit ein Teilgebiet des **„visual merchandising".** Visuelle Anmutung, Bedürfnisse der Zielgruppe und Funktionalität der Produkte werden dann zu gleichrangigen Kriterien der Warenpräsentation.

Auch aus **umweltpsychologischer** Sicht wirken Verbundpräsentationen positiv auf den Konsumenten. Aus der Gestaltpsychologie weiß man, daß die Wahrnehmungsprägnanz u. a. auch von der Geschlossenheit der Stimuluspräsentation abhängt. Die bedarfsgerechte Verbundpräsentation wird insbesondere im Umfeld einer Vielzahl heterogener Stimuli zur Orientierungsfreundlichkeit des Ladens beitragen.

Beispiele: Toaster oder Kaffeemaschine als Bestandteil eines Frühstückserlebnisses (siehe Abb. 32 und 33)

Auch die **Imageryforschung** beschäftigt sich mit der Entstehung und Wirkung innerer Bilder beim Menschen. Als „Lagepläne" gespeicherter Umwelten helfen Verbundpräsentationen dem Konsumenten, sich

Abb. 31

leichter in einem Laden zurecht zu finden. Sie erhöhen die Orientierung und tragen positiv zur Einkaufsstimmung bei (vgl. Bost, 1987, S. 138).

In der Fortführung der obigen Befunde hat Gröppel (1991, S. 119) folgende Hypothese getestet und für verschiedene Sortimente empirisch bestätigt:

Abb. 32

Abb. 33

- Wenn in einem Verkaufsraum die Produkte im Verbund präsentiert werden, dann nehmen die Konsumenten den Verkaufsraum signifikant orientierungsfreundlicher und prägnanter wahr und erleben eine positivere Stimmung als bei einer räumlich getrennten Produktpräsentation.

Untersuchungsgegenstände der Studie waren Sortimente für Damenoberbekleidung, Herrenhemden, Kaffeemaschinen, Wander- und Zeltartikel. Um Verbund- und Normalpräsentation miteinander vergleichen zu können, wurden je Produktgruppe vergleichbare Preis- und Qualitätsniveaus ausgewählt. Die Produktpräsentation gegenüber den Probanden erfolgte mit Hilfe von Abbildungen. Die folgende Tabelle (ebenda, S. 234) beschreibt das verwendete Stimulusmaterial:

Produkte	Experimentalgruppe (= kontextbezogene Verbundpräsentation)
Herren- hemden (Regalansicht)	Neben einer sorgfältigen Auswahl von Herrenhemden werden passende Krawatten, Fliegen, Gürtel, Halstücher und T-Shirts präsentiert. Die Waren werden in einem hellen Fichtenregal gezeigt. Dekoration: Ein Reisekoffer, ein Bild, eine Skulptur. Eine ähnliche Warenpräsentation findet man bei „Tie Rack" oder „Fils à Fils".
Damenober- bekleidung (Blick in das Geschäft)	Röcke, Blusen, Blazer usw. werden in unterschiedlichen Kombinationsmöglichkeiten und Farbzusammenstellungen (teilweise zu offenen Markenshops gebündelt) präsentiert. Lichteffekte, Accessoires sind in räumlicher Nähe. Als Dekoration fungieren „lebendig wirkende" Puppen. Einzelne Kleidungsstücke werden besonders hervorgehoben.
Kaffee- maschinen	Eine einzige Kaffeemaschine wird in einer Küche auf einem gedeckten Frühstückstisch präsentiert. Auf (Regalansicht) dem Tisch befinden sich Lebensmittel, Kaffee sowie eine Zeitung, normale „Requisiten", die zu jedem Frühstückstisch gehören.

Produkte	Experimentalgruppe (= kontextbezogene Verbundpräsentation)
Wandern & Zelten (Blick in das Geschäft)	Wander- und Zeltartikel werden „lebensecht" in ihrem natürlichen Verwendungszusammenhang präsentiert. Die Schlafsäcke und Zelte sind geöffnet, so als wären sie gerade erst gebraucht worden. Die Ladengestaltung wirkt dynamisch.

Produkte	Kontrollgruppe (= traditionelle Warenpräsentation)
Herrenhemden (Regalansicht)	Die Herrenhemden werden nach Größen geordnet in einem Mahagoniregal geführt. In typischer Weise gestapelt. Keine Dekoration. Bis auf zwei an der Wand hängende Jacken sind keine anderen Produkte in räumlicher Nähe. Sehr viele Herrenhemden. Typisches Hemdenregal eines guten Herrenausstatters.
Damenoberbekleidung (Blick in das Geschäft)	Röcke, Blusen, Blazer usw. werden nach Größen (teilweise nach Farben) auf verschiedenen Kleiderständern präsentiert. Einzelstücke werden nicht besonders hervorgehoben, wenngleich auch hier bekannte Marken zu finden sind. Die Kleider hängen dicht gedrängt. Kombinationsmöglichkeiten der Textilien werden nicht gezeigt. Accessoires oder Kleiderpuppen sind ebenfalls nicht vorhanden.
Kaffeemaschinen (Regalansicht)	Verschiedene Kaffeemaschinen werden in einem Regal zusammen mit anderen Haushaltsgeräten präsentiert, die keinen Bezug zum „Kaffeekochen" aufweisen, wie eine Zitruspresse, eine Küchenmaschine oder gar eine Personenwaage.
Wandern & Zelten (Blick in das Geschäft)	Wanderbekleidung, Schlaf- und Rucksäcke werden zwar in einer Abteilung geführt, aber nicht in ihrem Verwendungszusammenhang. Die Präsentation wirkt sehr statisch. Keine Dekoration.

Gemessen wurden u. a.:

- Das Anmutungsprofil der Verbundpräsentation

  Die emotionale Anmutung wurde mittels der Items „ansprechend, entspannend, ungezwungen, unerfreulich und einladend" erfaßt.

- Die Beurteilung der Warenzusammenstellung

  Die kognitive Beurteilung wurde mittels der Items „zweckmäßig, ohne Sinn, zusammenpassend, irreführend und vollständig" erfaßt.

- Die Orientierungsfreundlichkeit der Warenpräsentation

  Hierzu wurden die Probanden z. B. gefragt nach:

  - Übersichtlichkeit der Warenanordnung
  - Überladung der Warenpräsentation
  - Überblick über das Sortiment.

- Die Wahl eines Sortimentsthemas und Prägnanzwirkung der Warenpräsentation

- Das Einkaufsverhalten

  Die Befragten sollten auch angeben, mit welcher Stimmung ein Einkauf im dargestellten Geschäft vorstellbar wäre, wie lange man dort verweilen würde und wie die persönlichen Einkaufspräferenzen aussehen (z. B. Erlebnis- und Versorgungseinkauf und hypothetische Kaufbereitschaft im dargestellten Geschäft).

Der Hypothesentest zeigte folgende Ergebnisse (ebenda, S. 266 f.):

Eine kontextbezogene Verbundpräsentation bewirkt bei den Konsumenten im Vergleich zu einer räumlich getrennten Präsentationsform

- eine höher wahrgenommene Informationsrate,
- eine stärker subjektiv empfundene Dominanz,
- eine positivere Orientierungsfreundlichkeit,
- eine höhere Prägnanz,
- eine individuellere Ausstrahlung
  (= Individualpräsentation),
- eine positivere Stimmung

sowie

- eine längere Verweilbereitschaft und
- eine höhere Ausgabebereitschaft.

Daraus folgt, daß versucht werden sollte, Produkte in ihrem Bedarfs- bzw. Verwendungszusammenhang zu präsentieren. Die Erlebnisorientierung wird durch kreative Umsetzungen der Verbundpräsentation maßgeblich beeinflußt.

Die Sortimente sollten ein klares Zielgruppenprofil aufweisen, wobei auf einzelne der skizzierten Erlebnistrends zurückgegriffen werden kann.

Beispiel: Avantgarde im Möbelbereich: technologisch-futuristisches Milieu mit Accessoires aus der Motorsportwelt.

3.2. Das Shop-in-the-Shop-System

Unter „shop-in-the-shop" versteht man eine **räumliche** Konzentration und Hervorhebung bestimmter Teile des Sortiments. Es handelt sich also bei einem Kauf- oder Warenhaus um eine ladenbauliche Maßnahme zur optischen Hervorhebung einzelner Sortimentsbereiche. Ziel einer derartigen Warenpräsentation ist die **zielgruppenspezifische** Spezialisierung. Einerseits findet ein bestimmtes Kundensegment ein abgegrenztes Warensortiment vor, andererseits kann der Einzelhandel einen besonderen Service bieten, sei es durch persönliche Beratung oder durch Displays oder durch schriftliche Produktinformationen. Die gleiche Zielsetzung liegt den Fachmärkten zugrunde.

Da das Shop-in-the-Shop-System zu den **Trading-Up-Maßnahmen** des Handels zählt, sind Glaubwürdigkeit und Kompetenz häufig sensible Erfolgsfaktoren. Kunden müssen überzeugt werden, wie beim Fachmarkt einen Spezialisten für das Warenangebot vorzufinden.

Der Begriff „shop-in-the-shop" soll hier weit gefaßt werden und auch für Bereiche bzw. Abteilungen in einem Geschäft gelten, die zwar sortimentsspezifisch voneinander getrennt sind, jedoch einen übergeordneten Zusammenhang aufweisen.

Beispiele: Man denke an life-style-orientierte Shops in einem Bekleidungshaus oder an nach soziodemographischen Kriterien getrennte Stockwerke in einem Fachgeschäft des Schuheinzelhandels. Faßt man den Begriff noch weiter, so liegt ein Shop-in-the-Shop-System z. B. auch bei einem Freizeitanbieter vor, der räumlich getrennt verschiedene Freizeitsortimente führt, sei es Ware oder Aktivitäten.

Aus **erlebnisorientierter** Sicht sprechen folgende Gründe für das Shop-in-the-Shop-System:

- Es besteht die Möglichkeit am PoS, das Sortiment entsprechend der **Erlebnislinie** zu präsentieren. Man erreicht eine Abhebung vom Restsortiment und eine Profilierung im Sinne der Erlebnisstrategie.

  Beispiel: Parfüm im Textilhandel

- Gesucht ist eine **Zielgruppenfrequenz**, die beim Facheinzelhandel häufig nicht gegeben ist. Bei Wahl von Großbetriebsformen des Handels hat man die Möglichkeit, an einer bestimmten Kundenstruktur zu partizipieren.

  Beispiel: Blumenshops in SB-Verbrauchermärkten

- Es können **Sortimente** aufgebaut werden, die erst eine Erlebnisvermittlung ermöglichen. Man denke an Verbundpräsentation im Textil- und Schuhbereich bzw. an Erlebniszentren in Möbelhäusern, die auf „Fremdware" zur Angebotskomplettierung angewiesen sind.

  Beispiel: Fitness-Shops mit Kleidung, Getränken und Sportgeräten

- Man kann dem **Individualisierungsstreben** der Verbraucher besonders nahkommen, indem mehrere Zielgruppensegmente unter einem Dach angesprochen werden.

  Beispiel: unterschiedliche Kleidungs- und Wohnstile unter einem Dach im Textil- oder Möbelhaus

- Verbraucher erhalten die Möglichkeit, ihre Einkäufe lokal zu **konzentrieren**. Bekanntlich kann der multisensuale Konsument von heute unterschiedliche Einkaufsziele eng miteinander verknüpfen und gleichzeitig ausleben.

  Beispiel: Versorgungseinkäufe im Lebensmittelbereich und Erlebniseinkäufe im Parfümeriebereich

Das Shop-in-the-Shop-System bietet also eine Vielzahl von Präsentationsformen an, um Kunden erlebnisorientiert anzusprechen. Die Spannweite geht von **Erlebnisbühnen** bis hin zu gebündelten **Markenpräsentationen**.

Das **Erlebnisbühnenkonzept** ist der Versuch, im gesamten Handelshaus oder in einzelnen Shops eine Erlebnislinie zu inszenieren. In der Regel handelt es sich hierbei um Ware, die den bekannten Bedingungen der Erlebnisvermittlung entspricht und auf eine an Erlebniseinkäufen interessierte Kundschaft trifft. Man denke an Einkaufspassa-

Abb. 34

gen in vielen deutschen Großstädten, die beiden Bedingungen genügen, ebenso wie manche Shopping-Malls, vor allem in den USA.

Beispiele: *Kö-Passage in Düsseldorf (Abb. 34), Powerscourt in Dublin (Abb. 35), Stureplan-Gallerie in Stockholm*

Hierbei versucht man, Erlebnisshops – sei es unter einem Dach oder in Shops aneinandergereiht – so miteinander emotional zu verknüpfen, daß Einkaufserlebnisse fugenlos verbunden werden können.

Abb. 35

Kunden erhalten so die Möglichkeit, Stunden oder Tage ungestört und ununterbrochen dem Erlebniseinkauf zu widmen.

Auf der anderen Seite kennt man die einfache Form der Erlebnisvermittlung mittels gebündelter **Markenpräsentationen.** Darunter versteht man die räumliche Konzentration verschiedener Artikel aus einem Markenprogramm. *Beispielsweise findet man derartige Markenshops vor allem im Textileinzelhandel, aber auch in anderen Branchen wie bei Schuhen oder Möbeln.* Damit hat der Händler die Möglichkeit, am Image der Hersteller zu partizipieren. Die einfachste Möglichkeit ist die Übernahme der Erlebnislinie aus der Werbung und ihre Wiederholung am PoS. Man kann aber auch durch Displays, Dekorationen und persönliche Beratung dem Erlebniskonzept eine handelsspezifische Note geben und so der Befürchtung vorbeugen, bei Markenpräsentationen austauschbar zu werden. Konsumenten suchen bekanntlich Einkaufserlebnisse, nicht nur Einkaufsergebnisse, woran wiederholt erinnert sei.

Gebündelte Markenpräsentationen dienen der Erlebnisvermittlung dann, wenn sie **Markenkompetenz** ausstrahlen, das Marken**bewußtsein** der Kunden ansprechen und die **Orientierung** im Laden erhöhen. Eine übertriebene Markenpräsentation im Sinne „deutscher Ordnung" kann auch langweilig werden und Kunden eher vergraulen als ansprechen.

Ob der Begriff weit oder eng gefaßt wird, das Shop-in-the-Shop-System ist der Versuch, **Warenkompetenz** auszustrahlen und Kunden **zielgruppenspezifisch** anzusprechen. Beide Aspekte sind wichtig, wenn es darum geht, den Beitrag einer Ware für die Lebensqualität anzusprechen. Erlebnisvermittlung bedeutet also auch Individualisierung des Einkaufs.

Je mehr die Orientierung am Erlebnisbühnenkonzept gelingt, desto wichtiger wird es, Entspannung und Erholung während des Einkaufs anzubieten. Das beginnt bei Ruhezonen zum Essen und Trinken, schließt Möglichkeiten der Unterhaltung (z.B. Musik oder Kino) ein und endet bei Diversifikationen im Angebot.

Beispiel: Pianospieler im Powerscourt in Dublin, Textilgeschäft im Landhausstil in Stockholm

Wichtig ist es, Möglichkeiten zur **Kommunikation** anzubieten, zum einen beim Einkauf (Steh- und Lauffläche), zum anderen für Erholungspausen. Erlebniseinkäufe werden gerne gemeinsam unternommen, mit Partnern und Kindern, was oft nicht hinreichend berücksichtigt wird. Es reicht nicht die Einrichtung einer Spielecke oder eines Cafés, sondern es geht darum, Partner- oder Familienangebote zu unterbreiten, sowohl im Sinne der Verbundpräsentation als auch im Rahmen der Kommunikation. Dann wird der Erlebniseinkauf zu einem Gemeinschaftserlebnis nach dem Motto: Geteilte Freude ist doppelte Freude.

Beispiel: Er lernt tapezieren, sie übt sich an kreativen Tischdekorationen.

3.3. Kriterien der Erlebnisvermittlung

Ein aktuelles Schlagwort in der US-Literatur ist „visual merchandising" (vgl. z.B. Mills und Paul, 1988). Darunter versteht man den gesamten visuellen Auftritt eines Ladens mit dem Ziel, Waren oder Dienstleistungen effizienter zu verkaufen. Das Konzept umfaßt die Werbung, Display, Faszinationspunkte, Warenpräsentation und Verkaufsraumgestaltung.

„Visual merchandising" entspricht der erlebnisorientierten Ladengestaltung unter folgenden Gesichtspunkten:

- Es muß eine **langfristige** Strategie der Erlebnisvermittlung angestrebt werden, nicht eine kurzfristige Umsatzsteigerung im Sinne eines „Event Marketing".
- Künstlerische und ästhetische Aspekte unterstützen die Erlebnisvermittlung, wenn sie **sozialtechnisch** eingesetzt werden. Store-Design darf nicht nur Selbstzweck sein.
- Die Schaffung einer angenehmen Ladenatmosphäre ist eine wichtige Variable aller Erlebniskonzepte. Sie wirkt aber nur dann, wenn sie die **Verweildauer** der Kunden und damit auch die **Einkaufswahrscheinlichkeit** erhöht.
- **Dekorationen** als nicht sortimentszugehörige Accessoires müssen mehr sein als nur schmückendes Beiwerk zur Ware. Es geht darum, einen inhaltlichen Zusammenhang zum Sortiment herzustellen, z.B. durch Unterstützung der Wareninszenierung oder Visualisierung von Erlebnisdimensionen.

  Beispiel: Spanische Arkaden von Studio-Werbung J. Piske, Stuttgart 1991 (Abb. 36)

Gröppel (1991, S. 270f.) hat empirisch bestätigt, daß Produktpräsentationen mit kontextbezogenen Dekorationsmitteln emotional und kognitiv besser eingeschätzt werden als Präsentationen ohne Dekorationsgegenstände.

Abb. 36

Beispiel: *Eine Küche mit vollständiger Einrichtung statt nur mit Hausgeräten (Abb. 37 und 38)*

Aus übergeordneter Sicht geht es bei der erlebnisorientierten Warenpräsentation darum, das **Selbstwertgefühl** des Kunden emotional und kognitiv im Sinne der Erlebnislinie anzusprechen. Er möchte die Produkte als Bestandteile seiner Lebenswelt im Laden wiederfinden, und dazu können die Verbundpräsentation, das Shop-in-the-Shop-System

Abb. 37

im erweiterten Begriffssinne sowie sozialtechnisch ausgerichtete Maßnahmen des „visual merchandising" wesentliche Beiträge leisten.

Zur **kognitiven** Ansprache:

Orientierungsfreundliche Warenpräsentationen tragen zum entspann-
ten Einkaufsgenuß bei, sie reduzieren Streß und erhöhen die Auf-

Abb. 38

merksamkeit zur Ware. Das gilt für die Vorauswahl ebenso wie für die Entscheidungsphase und für den Kaufakt.

Je orientierungsfreundlicher ein Geschäft ist, desto positiver ist die Stimmung am PoS (vgl. Bost, 1987, S.77). Auch wird das Sortiment positiver beurteilt und im visuellen Gedächtnis besser gespeichert. Orientierungsfreundliche Geschäfte sind dem Kunden als „mental maps" kognitiv präsent.

Es gibt eine Vielzahl einfacher **Gestaltungsmittel,** die Orientierungs-freundlichkeit zu betonen, z. B.

• Verbundpräsentationen nach Bedarfskreisen
• zielgruppenspezifische Shops
• kontextbezogene Warenpräsentationen.

Sodann muß für klare Wegweisung und Laufzonenführung gesorgt werden, man muß Kabinen und Kassen so plazieren, daß Kunden dort verweilen können, und man darf kommunikationsfreundliche Ruhe-zonen nicht vergessen, Einkaufserlebnisse wollen zwischen Kunden besprochen werden, woran wiederholt erinnert sei.

Zur **emotionalen** Ansprache:

Sensualistische Konsumenten streben nach reizvollen, lustfördernden Einkaufserlebnissen. Erlebniseinkauf bedeutet nicht nur Ware, son-dern auch „Ambiente".

Je überraschungsreicher und abwechslungsreicher die Ladenumwelt ist – und dazu trägt auch die Warenpräsentation bei – desto positiver wird das Sortiment beurteilt.

Es gibt eine Vielzahl von Möglichkeiten, im Rahmen der Warenprä-sentation emotional anzusprechen, z. B. durch:

• erlebnisbetonende Warendekoration
• überraschende Bedarfskreisbündelung
• Faszinationspunkte mittels Ware
• besondere Farbzusammenstellungen
• Einsatz agierender Puppen

Fazit: Das „Einkaufserlebnis" besteht aus verschiedenen Komponen-ten. Die Kunden betrachten Einkaufen nicht nur als Bedarfsdeckungs-vorgang, sondern auch als Freizeitbeschäftigung. Sie möchten hier kommunikativ tätig werden und aufregende oder interessante, nicht alltägliche Dinge erleben. Für sensualistische Konsumenten ist auch das Gespräch mit dem Verkaufspersonal wichtig. Gerade für diese

Kundengruppe ist der Wunsch nach umfassender Beratung und nach einem attraktiven Kaufumfeld besonders ausschlaggebend. Sie honorieren Geschäfte, die sich bemühen, nicht nur Ware, sondern auch „Ambiente" zu verkaufen, wenn ein qualitativ gutes Sortiment vorausgesetzt werden kann. Auch die eher „lustlosen" Kunden (und sogar „Konsumverweigerer") können sich der positiven Wirkung einer erlebnisbetonten Ladengestaltung kaum entziehen.

4. Die Verkaufsraumgestaltung

Die Gestaltungsbereiche im Verkaufsraum lassen sich gliedern in:

* Raumaufteilung und Raumanordnung
* qualitative und quantitative Raumzuteilung
* Raumeinrichtung
* Raumumfeldgestaltung

4.1. Das Ladenlayout

Um eine optimale **Kundenfrequenz** im Verkaufsraum zu erreichen, muß geprüft werden, wie die Funktionszonen aufgeteilt und gestaltet werden. Neben der Kunden- und Warenfläche kennt man die sonstigen Flächen für Theken, Kassen, Anproben, Restaurants usw.

Dabei kann man zwischen verschiedenen Anordnungsprinzipien differenzieren. Für die Erlebnisvermittlung kommt es darauf an, die Regale so anzuordnen, daß

* jeder Kunde ohne Zwang durch das Geschäft geführt wird,
* er dort entspannt verweilen und kommunizieren kann und
* die notwendige Information und persönliche Beratung vorfindet.

Von Vorteil für die Erlebnisvermittlung ist es, wenn die Regalanordnung mit der Warenpräsentation bedarfs- und zielgruppengerecht als **Einheit** gestaltet werden kann. Die Regalanordnung wird dann zu einem Bestandteil des Einkaufserlebnisses und nicht mehr nur als Warenträger empfunden.

Beispiel: Durchsichtige und zum Greifen verführende Regale bei appetitanregenden Produktverpackungen.

Die qualitative und quantitative Raumzuteilung auf einzelne Warengruppen wird manchmal auch als „Space Utilization" bezeichnet. In Anbetracht der rasanten Zunahme der Artikelzahl im Einzelhandel wird die Regalfläche zum wachsenden Engpaßproblem.

Computergestützte Regaloptimierungsprogramme erfreuen sich deshalb wachsender Beliebtheit, um die Waren umfassend und übersichtsmaximal unterzubringen. Den Produkten wird dabei nach ihrer „Ertragskraft" unterschiedlich viel Raum und eine besondere Plazierung im Regal eingeräumt.

Um die Orientierungsfreundlichkeit im Sinne einer erlebnisbezogenen Warenpräsentation zu unterstützen, ist es wichtig, die psychischen **Ordnungsschemata** der Kunden zu kennen. Gefragt ist, wonach Kunden die Waren im Regal einordnen, z. B. nach Herstellernamen, Größen, Farben, Geschmack oder Verbundwirkung. Erst die Berücksichtigung derartiger Ordnungsschemata erlaubt die Beurteilung der Ertragskraft einzelner Produkte im Regal. Davon hängen auch die Aufenthaltsdauer vor dem Regal und der Kundenumschlag im Geschäft ab.

Die Orientierungsfreundlichkeit des Verkaufsraumes und das Wohlbefinden der Kunden werden auch davon beeinflußt, ob der **Kundenlauf** durch den Laden natürlichen Verhaltensweisen entspricht. Gröppel (1991, S. 63) hat die Ergebnisse verschiedener empirischer Studien zusammengefaßt:

• Kunden begehen das Verkaufslokal in der Regel in einer dem Uhrzeigersinn entgegengesetzten Richtung.
• Die Kunden sind meist bestrebt, sich wandbezogen zu orientieren, daher bevorzugen sie die Außengänge des Ladens.
• Sie folgen einem bestimmten Geschwindigkeitsrhythmus (schnell-langsam-schnell).
• Man meidet Kehrtwendungen und Ladenecken.
• Die Kunden lenken ihre Aufmerksamkeit (Blick- und Greifrichtung) vornehmlich auf rechte Plazierungsfelder.
• Man bevorzugt Bezirke (Stockwerke), die sich in der Nähe der Eingangsebene befinden.

Daraus resultieren unterschiedliche Verkaufszonenwertigkeiten:

„Hochwertige" Verkaufszonen	„Minderwertige" Verkaufszonen
– Hauptwege des Geschäfts – rechts vom Kundenstrom liegende Verkaufsflächen – Auflaufflächen, auf die der Kunde automatisch blickt – Gangkreuzungen – Kassenzonen (falls die Kunden warten müssen) – Zonen um die Beförderungseinrichtungen (z. B. Lifte, Treppen)	– Mittelgänge – links vom Kundenstrom liegende Verkaufsflächen – Einlaufzonen, die schnell passiert werden – Sackgassen des Verkaufsraumes – Räume hinter den Kassen – die höheren und tieferen Etagen

Die Alltagserfahrung lehrt, daß Verstöße gegen diese Grundregeln vom Kunden mißbilligt werden. Sie werden Geschäfte oder entlegene Ecken meiden, wenn sie das Gefühl haben, absichtlich auf langen und überflüssigen Wegen zur Ware geführt zu werden. „Einkaufsmühe" und „Einkaufserlebnis" sind total widersprüchliche Empfindungen!

Erlebniseinkäufe werden erst möglich, wenn der Kunde in für ihn natürlicher Weise durch den Laden gehen kann und die Ware in einer ihn ansprechenden Weise „entdeckt". Dabei kommt es darauf an, **Habitualisierungstendenzen** zu nutzen.

Konsumenten lieben es, gewohnte Wege im Geschäft zur gewohnten Ware zu gehen. Zwischen **Markentreue** und **Geschäftstreue** bestehen signifikante Zusammenhänge (vgl. Weinberg, 1977, S. 46 f.):

• Marken- und Geschäftstreue korrelieren am stärksten bei „Speciality Goods", gefolgt von den wenig markierten „Convenience Goods".
• Die Geschäftstreue wird von persönlichen Bedürfnissen wie Nähe und Bequemlichkeit des Einkaufs, Vertrautheit mit der Einkaufssituation sowie den Möglichkeiten zur Kommunikation beeinflußt.
• Je vertrauter Konsumenten die Einkaufssituation ist, desto wohler fühlen sie sich in „ihrem" Geschäft.

Auch diese Erkenntnisse legen nahe, natürliche Verhaltensgewohnheiten zu nutzen, um den Erlebniseinkauf

- kognitiv zu entlasten,
- Suche und Irritationen beim Einkauf zu vermeiden und
- in ein Gefühl der Vertrautheit einzubetten.

Optimale „space utilization" stellt also eine notwendige Bedingung dar, Einkaufserlebnisse überhaupt erst zu ermöglichen. Erlebnisbühnen in „toten Zonen" werden den Kunden nicht erreichen. Besser ist es, den natürlichen Kundenlauf für eine mehr flächendeckende Verteilung von Erlebnispunkten zu nutzen.

Dabei schließt die Habitualisierungsneigung der Kunden ein Angebot an **Überraschungen** und **Faszinationspunkten** nicht aus. Beides paßt zusammen, die parallelen Neigungen zur Abwechslung und zur Vertrautheit müssen so aufeinander abgestimmt werden, daß Kunden trotz aller Einkaufserlebnisse den Eindruck vermittelt bekommen, in „ihrem" Geschäft einzukaufen. Und dazu trägt die Vertrautheit mit dem Laden wesentlich bei.

Die Berechnung der **Flächenrentabilität** im Einzelhandel muß also um Kriterien erweitert werden, die die Erlebnisvermittlung betreffen. Sensualistische Kunden, die erlebnisorientierte Geschäfte präferieren, verweilen dort nicht nur länger, sondern sind auch geschäftsloyaler. Sie bilden den Grundstein erlebnisorientierter **Stammkunden.**

4.2. Dekoration und Farbgestaltung

Die **Dekoration** kann sich auf die Verkaufsraumgestaltung und auf die Warenpräsentation beziehen. Gröppel (1991, S. 270 f.) hat gezeigt, daß eine Produktpräsentation mit kontextbezogenen Dekorationsmitteln emotional und kognitiv besser eingeschätzt wird als eine Präsentation ohne Dekorationsgegenstände. Darauf sei wiederholt hingewiesen.

Bei der Dekoration des Verkaufsraumes im erlebnisorientierten Sinne geht es vor allem um die PoS-Gestaltung, angefangen bei farblichen und gestalterischen Fragen der Thekeneinrichtung bis hin zum Displaymaterial. Hier gibt es eine Vielzahl von Möglichkeiten, die Erlebnislinie oder einzelne Erlebniswerte zu inszenieren und vor allem zu visualisieren. Die Visualisierung bestimmter Erlebnisdimensionen erfolgt dann nach Regeln der **Umwelttechnik.** Sie leitet aus Erkenntnissen über die Wirkung von einzelnen Reizen oder Reizkonstellationen die Maßnahmen für eine emotional wirksame Umweltgestaltung ab (vgl. zum folgenden Kroeber-Riel, 1990, S.431f.). Diese emotionale Erlebnisvermittlung läßt sich auf den Dimensionen „Erregung, Lust, Dominanz" messen. Je nach Erlebniswert des Verkaufsraumes müssen diese Dimensionen gezielt und dosiert angesprochen werden.

Im einzelnen interessieren die Wirkung des benutzten Materials, seine Bearbeitung, Form und Farbe, der Einfluß von Beleuchtung und Temperatur, dazu kommen Einrichtungsgegenstände sowie stimulierende Mittel wie Musik und Duftstoffe.

Pflanzen sind ein oft empfohlenes Mittel, um Räume erlebnisbetont zu gestalten. Sie sorgen für Wohlbefinden und Abwechslung, erhöhen die Informationsrate und stimulieren zum Erlebniseinkauf. Vor allem paßt ihre Verwendung in den übergeordneten Trend der Naturverbundenheit.

Jeder weiß aus seiner alltäglichen Erfahrung, wie sehr mittels **Beleuchtung** unterschiedliche Emotionen ausgelöst werden können. Für den Verkaufsraum ist es wichtig, einen Kompromiß zwischen ausreichender Beleuchtung und ansprechender Lichtwirkung zu finden. Dazu empfiehlt sich ein flexibles Beleuchtungssystem, daß sich unterschiedlichen Erlebnisintensitäten und Lichtbedingungen sowie im Tagesablauf sich verändernden Befindlichkeiten der Kunden anpassen kann. Das erreicht man durch Verwendung abwechselnder Lichtquellen und durch variable Lichtstärkeregler, die es erlauben, Erlebniswerte mit unterschiedlichen Emotionen zu verknüpfen.

Beispiel: Schwarzlicht zur Hervorhebung der weißen Farbe

Die Ladenatmosphäre wird ebenfalls von den verwendeten **Farben** beeinflußt. Es gibt eine Vielzahl von empirischen Studien, die sich mit der Wahrnehmung und Wirkung von Farben befassen (vgl. zusammenfassend Kroeber-Riel, 1990, S.432f.). Danach kann zwischen folgenden Farbwirkungen differenziert werden:

rot: stimulierend, aktiv, vital, abenteuerlich, aktivierend
gelb: fröhlich, glücklich, anregend
blau: lustbetont, entspannt
grün: beruhigend, entspannend, friedlich

Hinsichtlich der Erregungswirkung läßt sich folgende Rangfolge an Farben aufstellen: rot, orange, gelb, violett, blau, grün.

Es empfiehlt sich, die Farbgestaltung des Verkaufsraumes auch mit dem Produktangebot abzustimmen. So lehrt die Erfahrung, daß

- Impulsartikel und problemlose Produkte mit Aktivierungsschüben wie rot, orange oder gelb gut verkauft werden,

  Beispiel: Modeschmuck

wohingegen

- teure und beratungsintensive Produkte eine entspannte Atmosphäre benötigen, die durch blau und grün oder durch Grautöne unterstützt wird.

  Beispiel: Computer-Shops

Bei der **Verkaufsraumgestaltung** im Erlebnishandel kommt es vor allem darauf an, zu einzelnen Erlebnisdimensionen passende Farben zu wählen. Dazu zählen auch Wohnraumstile, für die Ashley und Corbett-Winder (1989) Farbvorschläge unterbreiten, die auf Shops im Einzelhandel übertragbar sind:

Stil	Farbgestaltung
Romantik (Regency): weich, blumig, pittoresk	buttergelb, apfelgrün, korallenrot, rosenrot oder saphirblau gemischt mit weiß, meist Dominanz einer der genannten Farben
Viktorianischer Stil: überladen, komfortabel, „plüschig"	karmesinrot, rauchblau, dunkelgrün oder braun, meist Kombination dieser satten Farbtöne, nur leicht aufgehellt durch zarte Pastelltöne und Sandfarben
Landhausstil: graziös, heiter, eklektisch	salbei- und apricotfarben, transparente und weiche Farben
Urbaner Stil: modern, reduzierte Eleganz	elfenbein, grau, blau, Hauptfarben gedämpft, oft kühl, Farbe soll ordnen

Farben hinterlassen auch **intermodale** Wirkungen, das heißt, sie verstärken oder modifizieren die Wirkung anderer Reize. So können Raumdimensionen durch die Farbwahl subjektiv beeinflußt werden, auch hängt die empfundene Raumwärme vom farblichen Anstrich und dem Farbton der Einrichtungsgegenstände ab. Auf diese Zusammenhänge muß geachtet werden, wenn Gesamterlebnisse durch den Verkaufsraum kommuniziert werden sollen.

Beispiel: Helle Wände und Spiegel erweitern und verwinkeln den Verkaufsraum.

4.3. Umfeldgestaltung

Erregungswirkungen gehen auch von Stimuli des **Umfeldes** aus, die erlebnisorientiert genutzt werden können. Vor allem kennt man den Einsatz von Musik, Duftstoffen und Videos am PoS.

Über die mögliche Wirkung von **Duftstoffen** wurde bereits berichtet. Sie werden noch wenig außerhalb natürlicher Wirkungsbereiche eingesetzt. So kennt man die angenehmen Düfte frischen Brotes oder frisch gemahlenen Kaffees oder eines gebackenen Kuchens, aber selten Düfte, die unabhängig von Produkt gezielt Erlebnisse vermitteln, wie z. B. Düfte der Natur, Frische, Urlaub usw.

Beispiel: Frühlingsdüfte im Autohaus, Meerwasserdüfte und Möwengeräusche im Reisebüro, Plätzchendüfte zur Weihnachtszeit im Einzelhandel usw.

Die Duftverwendung nimmt auf der Produktebene derzeit zu, allerdings wird die „Duftkonkurrenz" selten im Sinne einer erlebnisorientierten Ladengestaltung geprüft. Hinzu kommt der Einfluß anderer Reize im Sinne der geschilderten intermodalen Reizwirkung. Ein Beispiel, wie modalspezifisch ausgelöste Einzelerlebnisse zu einem Gesamterlebnis kombiniert werden können, gibt Kroeber-Riel (1990, S. 119). Nach ihm kann ein emotionales Frischeerlebnis ausgelöst werden durch:

* Töne: helle, klare Klangfarbe, Dur-Tonlage
* Farben: grün-gelb-blau
* Bilder: Blumen, Frühlingslandschaften, Wasserabbildungen
* Worte: Bildersprache mit dem Wort „frisch"
* Duft: Zitrusduft, Grasdüfte oder andere Naturdüfte
* Geschmack: Menthol oder Pfefferminz
* Haptik: glatte Oberfläche

Mehrabian (1978, S. 93) schlägt vor, **Umweltreiz-Kassetten** einzuführen, die sich auch für den Erlebniseinkauf im Einzelhandel eignen. Sie

können visuelle, akustische und olfaktorische Erlebniswirkungen auslösen, die aufeinander abgestimmt sind und die emotionalen Wünsche
der Kunden berücksichtigen.

Bekanntlich wird auch **Musik** am PoS eingesetzt, und ihre Auswahl
nach Erlebnisdimensionen ist naheliegend. Dennoch gibt es nur wenige empirische Befunde zum Einfluß von Musik auf das Konsumentenverhalten am PoS.

So hat man den Einfluß verschiedener **Musiktempi** auf Reaktionen am
Einkaufsort untersucht und festgestellt, daß innerhalb gewisser zeitli-
cher Frequenzen eine Verlangsamung der Musik zu einer Reduzie-
rung der Einkaufsgeschwindigkeit und einer damit verbundenen Erhöhung der Verweildauer am PoS führt. In gewissen Grenzen kann
also auch die Erlebnisvermittlung über Musiktempi intensiviert werden.

Nach Untersuchungen von Bost (1987, S. 120 f.) kann Musik in Einkaufsstätten eine **entspannende** Wirkung erzielen. In Kombination
mit der oben geschilderten Erhöhung der Verweildauer werden Kunden so in die Lage versetzt, das Einkaufserlebnis besser zu genießen.
Wichtig ist hierbei, daß Kunden die Hintergrundmusik als **angenehm**
empfinden und nicht vordergründig als störend beim Einkauf. Deshalb empfiehlt es sich auch nicht, Musiktitel nach dem Geschmack des
Publikums so auszuwählen, daß sie beim Einkauf dominieren. Es besteht dann die Gefahr, daß Kunden sich gestört oder belästigt fühlen.

4.4. Kriterien der Erlebnisvermittlung

Die Verkaufsraumgestaltung bietet zusammenfassend folgende Ansatzpunkte zur Erlebnisvermittlung:

• Ladenlayout
• Dekoration
• Farbwahl
• Umfeldgestaltung.

Alle Gestaltungsbereiche dienen dazu, eine erlebnisorientierte **Ladenatmosphäre** zu erzeugen. Sie läßt sich auf den Dimensionen „Aktivierung" und „Vergnügen" messen.

Diese Emotionen bestimmen am stärksten die **Verweildauer** der Kunden im Geschäft. Dabei genügt es nicht, die Leute zu unterhalten, son-

dern es geht darum, mittels einer langfristigen Erlebnisstrategie die Kunden an die Einkaufsstätte zu binden.

Je länger die Kunden im Geschäft verweilen, desto eher sind sie bereit, auch einzukaufen und Geld auszugeben. Erlebnisstrategien dienen **Umsatzerfolgen** und gehören somit zum Marketingkonzept bei gesättigten Märkten.

Erlebnisstrategien sind **Imagestrategien.** Sie prägen innere Bilder von den Verkaufsräumen. Je prägnanter und klarer diese inneren Bilder sind, desto profilierter ist auch das Image des Ladens.

Sich in ihrer **Lebensqualität** bestätigt fühlende Konsumenten sind zufriedene Kunden. Sie kommen gerne in „ihre" Geschäfte zurück. Erlebnisstrategien leisten somit einen Beitrag, sensualistische Konsumenten zur **Geschäftstreue** zu veranlassen. Das ist im Lichte der aktuellen Wertetrends eine schwierige, jedoch lohnende Aufgabe des Marketing.

Literaturverzeichnis

Argyle, M.; Trower, P.: Signale von Mensch zu Mensch, Weinheim, Basel 1981.

Ashley, L.; Corbett-Winder, K.: Wohnräume, Herford 1989.

Bost, E.: Ladenatmosphäre und Konsumentenverhalten, Heidelberg 1987.

Bekmeier, S.: Nonverbale Kommunikation in der Fernsehwerbung, Würzburg 1989.

Diller, H.; Kusterer, M.: Die Erfolgsträchtigkeit der erlebnisbetonten Ladengestaltung im Einzelhandel. Eine empirische Studie, Arbeitspapier Nr. 14 des Instituts für Marketing der Universität der Bundeswehr, Hamburg 1986.

Gröppel, A.: Erlebnisstrategien im Einzelhandel, Würzburg 1991.

Hansen, U.: Verpackung und Konsumentenverhalten, in: Marketing-ZFP, 1 (1986), S. 5–12.

Haseloff, O. W.: Wertewandel als Herausforderung – Ursachen und Thesen, in: Marktforschungs-Report, 4 (1988), S. 4–13.

Inglehart, R.: Wertewandel in den westlichen Gesellschaften: Politische Konsequenzen von materialistischen und postmaterialistischen Prioritäten, in: Klages, H.; Kmieciak, P. (Hrsg.): Wertewandel und gesellschaftlicher Wandel, Frankfurt 1979, S. 279–316.

Klammer, M.: Nonverbale Kommunikation beim Verkauf, Heidelberg 1989.

Kluckhohn, C.: Values and Value-Orientations in the Theory of Action, in: Parsons, T.; Shils, E. (Hrsg.): Toward a General Theory of Action, Cambridge 1951, S. 388–433.

Konert, F.-J.: Vermittlung emotionaler Erlebniswerte – Eine Marketingstrategie für gesättigte Märkte, Würzburg 1986.

Koppelmann, U.: Design und Marketing, in: Werbeforschung und Werbepraxis, 3 (1988), S. 85–88.

Kroeber-Riel, W.: Konsumentenverhalten, München 1990.

Kroeber-Riel, W.: Strategie und Technik der Werbung – Verhaltenswissenschaftliche Ansätze –, Stuttgart, Berlin, Köln, Mainz 1988.

Kroeber-Riel, W.: Das Suchen nach Erlebniskonzepten für das Marketing, Grundlagen für den sozialtechnischen Forschungs- und Entwicklungsprozeß, in: Specht, G.; Silberer, G. u. a. (Hrsg.), Sonderdruck: Marketing-Schnittstellen, Stuttgart 1989, S. 247–263.

Kroeber-Riel, W.: Produkt-Design. Mit erlebnisbetonten Komponenten Produkt-Präferenzen schaffen, in: Marketing-Journal, 2 (1984), S. 136–141.

Kroeber-Riel, W.; Meyer-Hentschel,G.: Werbung – Steuerung des Konsumentenverhaltens, Würzburg, Wien 1982.

Malewski, A.: Verhalten und Interaktion, Tübingen 1967.

Maslow, A. H.: Motivation and Personality, in: Levine, F. M. (Hrsg.), Theoretical Readings in Motivation, Chicago 1975, S. 358–379.

Mehrabian, A.: Räume des Alltags oder wie die Umwelt unser Verhalten bestimmt, Frankfurt, New York 1978.

Mills, K. H.; Paul, J. E.: Applied Visual Merchandizing, Englewood Cliffs, New Jersey 1988.

Nieschlag, R.; Dichtl, E.; Hörschgen, H.: Marketing, Berlin 1988.

Nöhmayer, K.: Kastenverpackung versus Glasflasche – Irradiation der Verpackung auf die subjektiv wahrgenommene Qualität von Weinen, in: Werbeforschung und Werbepraxis, 1 (1986), S. 12–14.

Raffée, H.; Wiedmann, K. P.: Der Wertewandel als Herausforderung für Marketingforschung und Marketingpraxis, in: Marketing-ZFP, 10 (1988), S. 198–210.

Schrattenecker, G.: Einfluß der Etikettengestaltung auf das Geschmackserlebnis von Weißwein, in: Werbeforschung und Werbepraxis, 1 (1986), S. 15–16.

Simon, H.: Management strategischer Wettbewerbsvorteile, in: USW-Working Paper, 1 (1988), Schloß Gracht, Erftstadt 1988.

Schoch, R.: Der Verkaufsvorgang als sozialer Interaktionsprozeß, Winterthur 1969.

Schulz, R.; Brandmeyer, K.: Die Markenbilanz: Ein Instrument zur Bestimmung und Steuerung von Markenwerten, in: Markenartikel, 7 (1989), S. 364–371.

Tietz, B.: Ansätze und Befunde der Zukunftsforschung im Marketing, in: Marketing-ZFP, 10 (1988), S. 221–229.

Weinberg, P.: Nonverbale Marktkommunikation, Heidelberg 1986 a.

Weinberg, P.: Erlebnisorientierte Einkaufsstätten im Einzelhandel, in: Marketing-ZFP, 8 (1986 b), S. 97–102.

Weinberg, P.: Das Entscheidungsverhalten der Konsumenten, Paderborn, München, Wien, Zürich 1981.

Weinberg, P.: Die Produkttreue der Konsumenten, Wiesbaden 1977.

Winkel, G. H.: Einführung in die Umweltpsychologie, Stuttgart 1977.

Marketing-Literatur aus dem Verlag Vahlen

Backhaus · Investitionsgütermarketing
Von Prof. Dr. Klaus Backhaus.
2. Aufl. 1990. XIII, 556 Seiten. Gebunden DM 78,–

Bänsch · Einführung in die Marketing-Lehre
Von Prof. Dr. Axel Bänsch.
3. Aufl. 1991. XIV, 345 Seiten. Kartoniert DM 42,–

Bausch · Stichprobenverfahren in der Marktforschung
Von Dr. Thomas Bausch.
1990. IX, 154 Seiten. Kartoniert DM 48,–

Becker · Marketing-Konzeption
Grundlagen des strategischen Marketing-Managements.
Von Prof. Dr. Jochen Becker.
4. Aufl. 1992. Rund 670 Seiten. Gebunden ca. DM 85,–

Berndt · Marketing für öffentliche Aufträge
Von Prof. Dr. Ralf Berndt.
1988. XVIII, 250 Seiten. Kartoniert DM 64,–

Bruhn · Sozio- und Umweltsponsoring
Engagements von Unternehmen für soziale und ökologische Aufgaben.
Von Prof. Dr. Manfred Bruhn.
1990. IX, 156 Seiten. Kartoniert DM 48,–

Diller · Marketingplanung
Herausgegeben und bearbeitet von Prof. Dr. Hermann Diller.
1980. XI, 235 Seiten. Kartoniert DM 32,–

Hasitschka/Hruschka · Nonprofit-Marketing
Von Prof. Dr. Werner Hasitschka und Prof. Dr. Harald Hruschka.
1982. VIII, 163 Seiten. Kartoniert DM 34,–

Hermanns · Sport- und Kultursponsoring
Herausgegeben von Prof. Dr. Dr. Arnold Hermanns.
1989. VIII, 290 Seiten. Kartoniert DM 68,–

Hermanns/Prieß · Computer Aided Selling (CAS)
Computereinsatz im Außendienst von Unternehmen.
Von Prof. Dr. Dr. Arnold Hermanns und Dipl.-Kfm. Stefan Prieß.
1987. 111 Seiten. Kartoniert DM 45,–

Hüttner · Informationen für Marketing-Entscheidungen
Ein Lehr- und Arbeitsbuch der Marktforschung.
Von Prof. Dr. Manfred Hüttner.
1979. XIV, 446 Seiten. Kartoniert DM 64,–

Irrgang · Strategien im vertikalen Marketing
Handelsorientierte Konzeptionen der Industrie.
Von Prof. Dr. Wolfgang Irrgang.
1989. X, 154 Seiten. Kartoniert DM 36,–

Kroeber-Riel · Konsumentenverhalten
Von Prof. Dr. Werner Kroeber-Riel.
4. Aufl. 1990. XIV, 782 Seiten. Gebunden DM 84,–

Oehme · Handels-Marketing
Entstehung, Aufgabe, Instrumente.
Von Dr. Wolfgang Oehme.
2. Aufl. 1992. XV, 493 Seiten. Kartoniert ca. DM 72,–

Poth · Marketing
Grundlagen und Fallstudien.
Von Prof. Dr. Ludwig G. Poth und Gudrun S. Poth.
1986. IX, 586 Seiten. Gebunden DM 68,–

Schaible/Hönig · High-Tech-Marketing in der Praxis
Von Dipl.-Ing. Jörg Schaible und Dipl.-Phys. Armin Hönig.
1991. XII, 118 Seiten. Gebunden DM 48,–

Scheuch · Marketing
Von Prof. Dr. Fritz Scheuch.
3. Aufl. 1989. XX, 635 Seiten. Gebunden DM 68,–

Scheuch · Dienstleistungsmarketing
Von Prof. Dr. Fritz Scheuch.
1982. XII, 300 Seiten. Gebunden DM 54,–

Schub von Bossiazky
Psychologische Marketingforschung
Von Prof. Dr. Gerhard Schub von Bossiazky.
1991. XI, 209 Seiten. Kartoniert DM 58,–

Weinberg · Erlebnismarketing
Von Prof. Dr. Peter Weinberg.
1992. Rund 200 Seiten. Gebunden ca. DM 35,–

Verlag Vahlen München